奥鹏学习手册

第2版

奥鹏远程教育中心教材编写小组　编

化学工业出版社
·北京·

本书为远程教育各合作院校的学生在奥鹏远程教育中心进行学习的入学教育指导书。它介绍了首个国家级远程教育公共服务体系——奥鹏远程教育中心的管理和服务模式，详细地说明了奥鹏远程教育中心提供的远程学习流程和方法，讲解了奥鹏远程教育中心提供的数字化学习平台和移动学习工具的操作使用。书中还就远程学习新生如何根据自己的实际情况制订有效的学习计划，如何在线与同学们和老师互动交流，如何获得学习过程中的帮助，获取学习相关的各类资源给予了充分的解答和建议。

本手册不仅可作为奥鹏远程教育中心各合作院校学生入学教育的学习用书，也可作为现代远程教育领域的研究人员、教学人员的参考资料。

图书在版编目（CIP）数据

奥鹏学习手册/奥鹏远程教育中心教材编写小组编．
2版．—北京：化学工业出版社，2016.8（2019.7重印）
ISBN 978-7-122-27354-3

Ⅰ.①奥…　Ⅱ.①奥…　Ⅲ.①远距离教育-中国-手册
Ⅳ.①G729.2-62

中国版本图书馆CIP数据核字（2016）第133137号

责任编辑：赵玉清　程树珍　丁文璇　　文字编辑：荣世芳
责任校对：宋　夏　　装帧设计：张　辉

出版发行：化学工业出版社（北京市东城区青年湖南街13号　邮政编码100011）
印　　刷：北京京华铭诚工贸有限公司
装　　订：三河市振勇印装有限公司
787mm×1092mm　1/16　印张7　字数90千字　2019年7月北京第2版第7次印刷

购书咨询：010-64518888　　售后服务：010-64518899
网　　址：http://www.cip.com.cn
凡购买本书，如有缺损质量问题，本社销售中心负责调换。

定　　价：20.00元

前言

《奥鹏学习手册（第2版）》是奥鹏远程教育中心为各合作院校远程学习学生提供的一本入学教育指导书，旨在帮助学生对远程教育有一个客观、全面、深入的认知，能够更好地掌握和适应远程学习方式，建立高效的学习方法，获得最佳的学习效果。《奥鹏学习手册（第2版）》不仅介绍国家级远程教育公共服务体系——奥鹏远程教育中心的管理和服务模式，详细地说明了奥鹏远程教育中心提供的远程学习流程和方法，讲解了奥鹏远程教育中心提供的数字化学习平台和移动学习工具的操作使用，还针对远程学习新生如何根据自己的实际情况制订有效的学习计划，如何在线与同学和老师互动交流，如何获得学习过程中的帮助及相关的各类资源给予了充分的解答和建议。

《奥鹏学习手册（第2版）》根据近几年远程教学教务管理工作的发展变化，主要对以下几个方面进行了调整：

① 对网络学习模式进行了适当调整，重点补充了毕业、学位和统考环节；

② 结合学生平台功能和界面变化，更新平台操作使用指南的相关内容；

③ 作为面向远程教育新生的入门指导教材，增设“新生入学指南”章节，就开学准备事项和获得导学帮助的方法进行了专项说明；

④ 设置独立章节介绍功能日益丰富、应用逐步广泛的移动学习和服务平台——奥鹏教育官方微信服务号。

在信息技术与教育深度融合的今天，远程教育为终身学习的实现开辟了新途径，已成为继续教育的主流模式，我们力求通过本手册，向学生呈现远程学习需要做的准备，帮助学生掌握远程学习所需要的基本技能。本书可作为奥鹏远程教育中心各合作院校学生入学教育的学习用书，也可作为现代远程教育领域的研究人员、教学人员的参考资料。

本书由奥鹏远程教育中心教材编写小组集体编写。

奥鹏远程教育中心教材编写小组

2016年5月

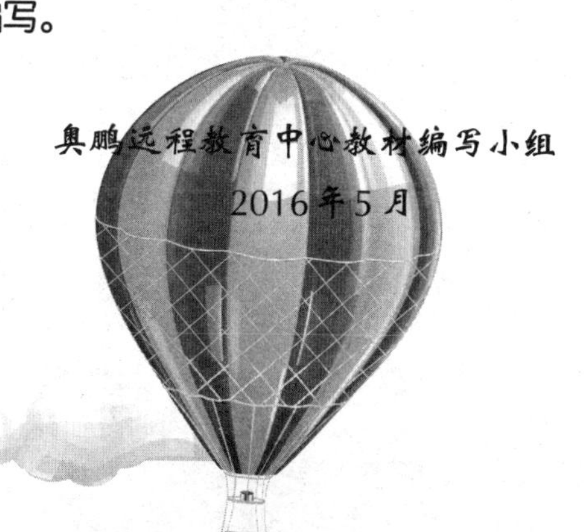

第1版前言

《奥鹏学习手册》是一本能够指导奥鹏远程教育中心各合作院校学生在奥鹏远程教育中心进行学习的入学教育指导书。它不仅介绍了关于国家级远程教育公共服务体系奥鹏远程教育中心的管理和服务模式，还详细地讲解了在奥鹏远程教育中心的数字化学习平台上怎样根据自己的实际工作情况制订自己的学习计划、怎样与身边的同学和老师互动学习、怎样运用不同的平台功能选择相应的教学场所和栏目以获取资源和帮助。

在远程学习越来越普及的今天，我们力求通过本手册，向学生呈现远程学习所需要做的准备，并且教会学生进行远程学习所需要的基本技能。

本手册不仅可作为奥鹏远程教育中心各合作院校学生入学教育的学习用书，也可作为现代远程教育领域的研究人员、教学人员的参考资料。

本书由奥鹏远程教育中心教材编写小组集体编写，由赵敏、陈慕菁主编，俞茜、孙连伟、柯娟、段丽君、毕江、刘小翔参与进行各章节编写工作。

奥鹏远程教育中心教材编写小组

2009年6月

致奥鹏教育新生的一封信

亲爱的同学们：

大家好！

感谢您选择“奥鹏教育”，欢迎您加入奥鹏教育大家庭。

在现代科技高速发展的“互联网”大时代中，在国家大力推进建设学习型社会和构建终身学习体系的大环境下，借助学习提高学历和能力是大多数在职者寻求职业发展的重要途径。自1998年教育部正式批准第一批国家现代远程教育试点院校至今，我国高等远程教育在政策和技术的双力支持下发展迅猛，已经成为继续教育的一个重要组成部分。

再知名的大学，也无法保证每门课程讲台上都是名师，更无法突破上课“过时不候”、教室“人满为患”的时空局限。现代远程教育可以云集名校、名师、名教、名课优势和网络特有的随时随地、图文音视频交互、方便快捷的优势，将教育的内容、方式、手段和效果推向极致。

在人人都需要进一步学习、进一步提高、进一步成才的现代社会中，选择远程教育，就意味着不再受身份、年龄、时间、地点的限制，迈进了一个全天候、个性化的网络大学校园，选择了一种自主灵活的最佳学习形式。您选择了奥鹏教育，就是选择了一种终身学习支持服务。

“奥鹏教育”作为首个国家级远程教育公共服务体系，汇集了国内知名高校最优质的网络教育资源，搭建了遍布全国（未计入我国的港、澳、台地区）的1800余家学习中心和多渠道的沟通途径，能够为学习者提供全面的学习支持服务。祝愿每一名奥鹏教育的新生学有所成，学以致用，在实现人生梦想的大道上大步前行！

奥鹏远程教育中心

2016年8月

目录

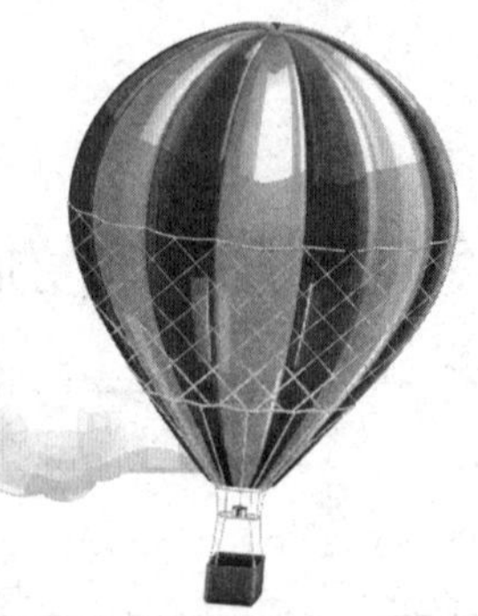

第1章 奥鹏教育介绍 1

1.1 关于奥鹏教育 / 1

1.1.1 概述 / 1

1.1.2 与奥鹏教育合作的高校 / 2

1.1.3 关于奥鹏远程教育学习中心 / 2

1.2 奥鹏教育与合作高校的关系 / 2

1.2.1 奥鹏教育与合作高校在办学活动中的责任 / 2

1.2.2 直接就读高校与通过奥鹏教育报读高校有何异同 / 3

第2章 新生入学指南 4

2.1 开学前的准备 / 4

2.1.1 注册学生平台账号 / 4

2.1.2 核对信息 / 4

2.1.3 学前准备 / 5

2.1.4 学习工具 / 7

2.2 入学指导 / 7

2.2.1 参加开学典礼 / 7

2.2.2 查阅入学指导资料 / 7

2.2.3 学习导学课程 / 8

第3章 远程学习方法介绍 9

3.1 远程教育的发展和特征 / 9

3.1.1 远程教育的发展历程 / 9
3.1.2 远程学习的教学与学习 / 10
3.1.3 在线学习的兴起与发展趋势 / 10
3.2 远程学习的方法 / 12
3.2.1 制订好学习计划 / 12
3.2.2 做好学前准备 / 12
3.2.3 做好学后整理 / 12
3.2.4 坚持网下学习 / 13
3.2.5 做好作业和练习 / 13
3.2.6 综合使用网上资源和教材 / 13
3.2.7 复习与考试准备 / 13
3.2.8 经常进行学习交流 / 13
3.3 远程学习流程图 / 13
3.4 远程学习模式的关键环节 / 14
3.4.1 课件学习 / 15
3.4.2 教材自学 / 15
3.4.3 网上导学资料 / 16
3.4.4 学习中心导学辅导 / 16
3.4.5 网上答疑 / 16
3.4.6 课程作业 / 17
3.4.7 模拟试题自测 / 17
3.4.8 课程考试 / 17
3.4.9 毕业论文 / 18
3.4.10 毕业 / 19
3.4.11 学位 / 19
3.4.12 统考 / 19
3.5 网上学习过程积分管理 / 20
3.6 学籍管理 / 20
3.6.1 学籍注册 / 20
3.6.2 学制与学习年限 / 20
3.6.3 学籍异动 / 21

学生平台使用指南 22

4.1 关于学生平台 / 22

4.2 学生平台账号管理 / 23
4.2.1 账号注册 / 23
4.2.2 账号密码变更 / 25
4.2.3 账号密码遗忘找回 / 26
4.3 个人信息管理 / 26
4.3.1 查询与修改个人信息 / 27
4.3.2 查询录取信息 / 28
4.3.3 手机号验证 / 29
4.4 如何交费 / 30
4.4.1 网银缴费 / 30
4.4.2 查询费用使用情况 / 34
4.4.3 鹏友贷 / 34
4.5 如何选课 / 38
4.5.1 查询教学计划 / 38
4.5.2 查询学习计划 / 39
4.5.3 选课记录 / 39
4.6 订购教材 / 40
4.6.1 查询教材信息 / 40
4.6.2 教材配送地址设置 / 41
4.6.3 教材征订 / 41
4.6.4 教材征订单查询 / 42
4.6.5 电子教材和电子辅导资料浏览方法 / 43
4.7 课程学习 / 44
4.7.1 进入网上课程 / 45
4.7.2 查看导学资料 / 46
4.7.3 查看课程公告 / 46
4.7.4 浏览网络课件 / 47
4.7.5 提交课程作业 / 47
4.7.6 课程问题答疑 / 50
4.8 课程考试 / 50
4.8.1 查看考试预约信息 / 51
4.8.2 查看考试安排 / 51
4.8.3 打印准考证 / 52
4.9 课程成绩 / 52
4.9.1 查询成绩信息 / 52

4.9.2 查询学习积分 / 53
4.10 毕业论文 / 54
4.10.1 论文选题 / 54
4.10.2 论文写作 / 55
4.10.3 论文答辩 / 56
4.11 毕业办理 / 57
4.11.1 查询毕业进度 / 57
4.11.2 提交毕业申请 / 59
4.11.3 个人信息审核 / 59
4.11.4 填写个人简历与鉴定 / 60
4.12 学位办理 / 61
4.12.1 学位授予信息查询 / 61
4.12.2 申请学位 / 62
4.13 常用学习工具 / 62
4.13.1 通知公告 / 62
4.13.2 学习进度 / 63
4.13.3 学习日历 / 64

第5章 移动学习与服务 67

5.1 关注奥鹏教育官方微信服务号 / 67
5.2 学员身份验证 / 68
5.3 移动学习与服务介绍 / 68

第6章 支持服务和帮助 70

6.1 专业的支持服务团队 / 70
6.2 如何咨询问题 / 70
6.2.1 奥鹏教育官微自助服务 / 70
6.2.2 在线咨询 / 70
6.2.3 论坛咨询 / 70
6.2.4 邮件咨询 / 71
6.2.5 联系学习中心咨询 / 71
6.3 如何获得奥鹏教育资讯 / 72

6.4 学生活动 / 73

第7章 远程学习的基础条件和基本技能 74

7.1 软硬件条件与网络环境 / 74
7.2 如何浏览网页 / 75
7.3 如何使用“乐乐邮”电子邮箱 / 76
7.3.1 使用浏览器管理乐乐邮 / 76
7.3.2 使用邮箱客户端管理乐乐邮 / 81
7.4 如何使用压缩软件 / 83
7.4.1 文件解压缩操作 / 83
7.4.2 文件压缩操作 / 84

第8章 常见问题 86

8.1 一般问题 / 86
8.2 教学类问题 / 86
8.3 考务类问题 / 87
8.4 教材类问题 / 88
8.5 毕业学位类问题 / 89
8.6 统考类问题 / 90

第9章 网络资源 91

第10章 习题 94

习题一 / 94
习题二 / 97

参考文献 / 100

《奥鹏学习手册》习题答题纸 / 101

第1章　奥鹏教育介绍

1.1 关于奥鹏教育

1.1.1　概述

奥鹏远程教育中心（简称奥鹏教育）是教育部批准设立的国内首家国家级远程教育公共服务体系，也是中国最大的远程教育平台、远程教育内容和服务运营机构。奥鹏教育受合作院校委托，为其在校外开展远程教育提供招生、教学实施、教学管理、考试组织、教材配送等方面的辅助服务；为广大求学者提供包括助学、导学、学业顾问、实验实习、就业推介等全方位、全过程的学习支持服务，以及各类证书培训、专业技能培训等非学历教育服务。

目前，奥鹏教育已与60多所重点大学合作，学历教育招生专业达300多个，在全国建立了1800多家奥鹏远程教育学习中心，400多家培训中心，为遍布全国的130多万学员提供学历和非学历教育的咨询、报名、学习辅导、课程考试、交费等7×24小时学习支持服务。

奥鹏教育的英文是OPEN Edutainment，其中OPEN每个字母都蕴含了不同的意义。O是oxygen，意为氧气、呼吸；P是power，意为能量、激情；E是enjoy，意为分享、体验；N是nonstop，意为创新、前行。充分体现了尽情呼吸、释放激情、分享人生、永不止步的教育理念。

> “对公共服务体系理解很简单，就是高速的教育网吧，也是一种教育超市。学员根据自己的时间，到公共服务体系的学习点选各个学校适合自己需要的课，其他的事情不用管；公共服务体系为高校提供招生组织、考试管理、过程控制等服务。”
>
> ——原教育部高等教育司司长张尧学

奥鹏教育的理念：Edutainment，活、学、乐也！

奥鹏教育提倡：“知识如氧气般无处不在，学习如呼吸般轻松自然”的生活理念。

奥鹏教育的核心价值观：“心系天下求学人”。

我们努力奉献，旨在让更多的求学者拥有最朴实、最自然、最轻松的生活方式；我们孜孜以求，用全部的热忱和执著，和您一起绽放生命脉动中喷薄的向上力量。

1.1.2　与奥鹏教育合作的高校

目前，奥鹏教育已经和浙江大学、北京航空航天大学、东北财经大学、山东大学、大连理工大学、西安交通大学、北京交通大学、东北农业大学、中国科学技术大学、东北师范大学、吉林大学、天津大学、北京外国语大学、中央音乐学院、中国石油大学（华东）、中国地质大学（北京）、西南大学、华南师范大学、北京大学（医学部）、中国医科大学、北京邮电大学、中国石油大学（北京）、四川大学、北京语言大学、福建师范大学、中国人民大学、北京师范大学、同济大学、南开大学、华中师范大学、西安电子科技大学、西南交通大学、陕西师范大学、江南大学、郑州大学、兰州大学、电子科技大学、华东理工大学、中南大学、东北大学、四川农业大学、中国传媒大学、东华大学、西北工业大学、对外经济贸易大学、北京理工大学等四十余所国内重点高校的网络教育学院或远程教育学院签订了合作协议，开展现代远程高等学历教育。

1.1.3　关于奥鹏远程教育学习中心

奥鹏远程教育学习中心是远程教育公共服务体系的基本组成单位，是奥鹏教育与合作高校在各地设立的提供招生、助学、学籍管理及考务组织等服务的机构，是直接为学员提供具体教学支持服务的机构。

学习中心均采用连锁式、标准化管理，统一标准、统一规范、统一标识、统一培训、统一管理。

您所选择的当地奥鹏远程教育学习中心设有网络教室，有专门负责招生、教务、学务、考务、技术支持等不同职责的老师。所在地的奥鹏远程教育学习中心能够为您提供咨询、报名、入学测试、选课、交费、课程学习、学籍管理、教材发放、课程考试、毕业管理、技术支持等学习全过程的管理和服务，可以为您提供在远程学习中所需的指导和帮助。

1.2 奥鹏教育与合作高校的关系

1.2.1　奥鹏教育与合作高校在办学活动中的责任

根据教育部关于加强高校网络教育规范管理相关通知的精神，开展现代远程教育的高校是办学主体，负责学科、专业、课程和教学资源建设，承担教学设计和学生学习过程的业务指导和测评，管理教学教务和毕业、结业的资格审核、发证等，是保证教育质量的主要责任者。

公共支持服务体系在教育行政部门与合作高校的指导和监督下，利用现代信息技术和专业化的服务队伍，能够更有效地配置资源，为合作高校和学生提供远程教育过程非学术型的共性支持与服务，并接受合作高校委托承担一些专项服务业务[1]。

1.2.2 直接就读高校与通过奥鹏教育报读高校有何异同

1.2.2.1 相同点

同样享有就读高校的优秀师资，相同的课程设置和教学计划，统一的教学教务管理规定，同一地区收取同样的学分费用，毕业时发放相同的毕业证书及学位证书。

1.2.2.2 通过奥鹏教育报读高校与直接就读高校的不同点

① **享受统一的、完善的服务**。奥鹏教育的所有学习中心有统一的服务标准，规范化的建设与管理确保学习中心的支持服务工作严谨、认真，为广大学员提供细致、周到的服务。同时，奥鹏教育设立的远程接待中心为学员提供每周7天，每天24小时的不间断、全天候咨询服务。您在学习过程中遇到任何问题，可以随时拨打奥鹏教育服务热线400-810-6736，学业顾问会热情、认真地为您解答，帮助您解决问题和困难。

② **自由选择学习项目**。奥鹏教育汇集了全国几十所名牌高校，您可以在这里选择不同层次，覆盖10大类专业方向的远程学历或非学历学习项目。同时，奥鹏教育与多所合作院校正在积极探索课程学分互认，推进学习成果积累与转移的新型教学模式，逐步尝试为学生打通不同层次、不同类型课程和服务的互联互通和上升通道，力争帮助学生实现在各类学习项目间更加灵活的选择。

---

[1] 严冰.现代远程教育公共支持服务研究.北京：高等教育出版社，2012.

第2章　新生入学指南

2.1 开学前的准备

2.1.1　注册学生平台账号

“学生平台”是为您提供学习资源和学习工具，记录您的学习过程、学习成绩、学籍、费用等重要信息，发布各类教学管理规定和教学活动通知，辅助您完成学习全过程的综合管理系统。注册“学生平台”账号时，需要提供您的姓名、证件号码（身份证、军官证、护照等）和奥鹏教育终身学习卡（简称奥鹏卡）的卡号。其中，奥鹏卡号可以通过以下三种方式获得。

① **短信通知**：报名成功后，奥鹏教育会向您报名登记的手机号发送免费短信通知，告知您的奥鹏卡号。

② **自助查询**：关注奥鹏教育官方微信（微信号openedutainment），用您报名登记的手机号进行学员身份验证。验证成功后，在官微底部功能菜单中点击进入移动端“学习平台”，即可在“个人中心”的“在读信息”中自助查询您的奥鹏卡号。

③ **电话查询**：致电奥鹏教育服务热线或所在的奥鹏远程教育学习中心查询您的奥鹏卡号。

当您在奥鹏远程教育学习中心完成报名手续后，即可注册“学生平台”的账号，具体操作方法和注意事项详见4.2.1节的相关内容。

2.1.2　核对信息

您登记的报读信息、前置学历信息、个人基本信息和联系方式，在完成报名并注册学生平台账号后，即可登录学生平台查看核对。建议您尽早登录平台复核确认，确保信息准确、真实、有效。如信息有误，应在录取前联系所在学习中心申报更正，以免影响您的学籍注册和毕业。学生平台核对信息操作方法详见4.3节的相关内容。

2.1.3 学前准备

2.1.3.1 新生学籍注册

2001年起国家对高等教育学历证书实行电子注册制度，新生学籍电子注册是高校学生毕业证书电子注册审核的依据之一。

对于录取并已交费、按时提交学籍注册审验资料的学历教育学生，院校在规定时间内（一般春季3～4月，秋季9～10月）上报教育主管部门审核，审核通过者取得正式学籍，予以学籍电子注册。**学籍一经注册，相关学籍信息原则上不得更改。**审核结束后，新生即可在教育部的中国高等教育学生信息网（学信网）注册学生档案，并可查询对应的学籍注册相关信息。

2.1.3.2 新生交费

2.1.3.2.1 交费说明

新生报名后可以通过“网上银行交费”的方式缴纳费用，缴费前应首先了解有关入学的安排和要求，确认报读院校的缴费要求、缴费类别、缴费方式等规定。及时缴足学费是保障您顺利选课、学习的重要前提，未在规定时间内缴费将会影响您的学籍电子注册和课程学习进度。缴费流程如图2-1所示。

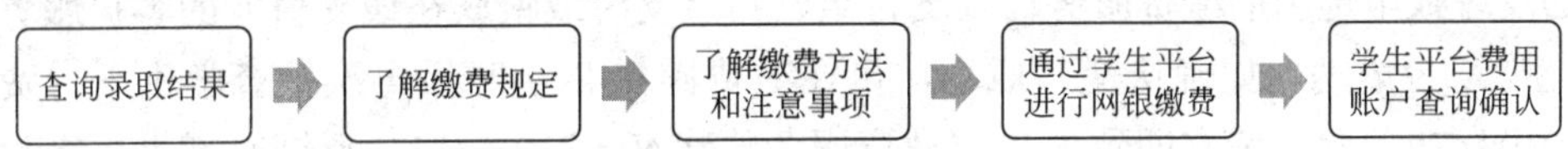

图2-1 缴费流程

奥鹏教育合作院校的学费收取一般采用“按学分收取”方式或“按学年收取”方式，您可登录奥鹏教育官网的“学习指导”栏目，查看了解院校“收费说明”，或登录学生平台“我的缴费”栏目，在缴费操作界面查看收费方式和收费标准。按学分缴纳学费时，应注意及时缴足当学期选课所需的学分费用，避免因学费不足影响学习进度和毕业；按学年收取学费的院校，学费缴费金额是根据教学计划统一设定的，不能调整。

学生平台网银缴费的具体操作方法详见4.4.1节的相关内容。

2.1.3.2.2 网银缴费前的准备

为帮助学生能够快捷、方便、安全地自助缴费，奥鹏教育分别与支付宝（ALIPAY）、易宝支付（YEEPAY）和银联在线支付（UnionPay）三家第三方金融服务公司合作，提供网上银行缴费服务，即学生通过网上银行直接完成学费、教材费等相关费用的缴纳。

您可以根据自身情况和条件，选择方便网银缴费的银行。进行网银缴费前，您需要操作的步骤和注意事项如下。

① 持本人身份证原件到当地支持网银缴费功能的银行开通银行账户（借记卡或信用卡）。

② 因各银行对单笔网银缴费和单日网银缴费有金额限制，请尽量选择单笔网银缴费、单日网银缴费额度较大的银行，以便能及时、方便地完成缴费。

③ 各银行开通网银缴费功能的途径不同，一般分为营业网点办理或网站申请两种。请在开通银行账户的同时，确认开通网银缴费功能的途径和方法。

④ 部分银行开通网银缴费功能后，需要登录银行官方网站，进行账户信息注册。请

务必与银行营业网点确认注册网站，以免造成不必要的经济损失。

⑤ 首次进行网银缴费前，部分银行需要下载安装“个人证书/数据证书”等插件（如中国工商银行、中国建设银行等）。请注意务必登录银行的官方网站，按网站提示下载并安装。

⑥ 开通网银、付款限额等银行卡有关的问题，请您直接与发卡银行联系，或拨打第三方金融服务公司客户服务热线咨询，以便获得专业帮助。支付宝客户服务热线为95188，易宝支付客户服务热线为400-150-0800，中国银联客户服务热线为95516。

2.1.3.2.3 网银缴费注意事项

① 学生网银缴费必须通过奥鹏教育学生平台链接到第三方金融服务公司的平台页面。凡未通过奥鹏教育学生平台链接，自行登录支付宝（ALIPAY）、易宝支付（YEEPAY）或银联在线支付（UnionPay）而造成的（或有）损失，奥鹏教育不承担任何责任。

② 通过学生平台完成网银缴费后，缴费信息不能做任何修改，请您务必在支付前认真仔细核对，特别须注意核对确认缴费科目和金额。

③ 奥鹏教育与第三方金融服务公司的数据库一般会在T＋2日进行自动对账，如您的银行卡扣款成功，但由于网络传输原因导致学生平台的费用账户中没有缴费到账记录，请您务必及时致电选用的缴费服务商（支付宝、易宝支付或银联在线支付）的客户服务热线查询交易是否成功。如确认交易成功，可在缴费操作48小时后再次核查学生平台费用账户。如仍存在问题，请立即致电奥鹏教育服务热线400-810-6736，反馈时需提供支付的电子订单号（在学生平台完成缴费支付操作时，可查看并记录订单号）。

2.1.3.3 新生首次选课

新生缴费成功后，即可在学习中心的指导和帮助下进行选课学习。远程学习的选课有一定的灵活自主性，但遵循教学规律，循序渐进、科学合理地安排学习进度，是帮助您提升学习效率和学习效果的重要方法。

① **选课方式**。新生第一学期选课，由学习中心根据院校推荐的“学习计划”进行集体选课操作；第二学期开始，原则上仍由学习中心按“学习计划”进行集体选课，学生也可以根据自身学习进展，自主调整选课。

② **选课规则**。“学习计划”是院校依据教学规律制订的学期选课安排，按照“先选必修课，后选选修课，先选基础课，后选专业课”的顺序进行。如果必修课没有修完，即使所修总学分达到教学计划要求的最低学分数，也不能毕业。修完教学计划规定的总学分后，学生仍可以继续选修其他课程，超出教学计划规定的多修课程成绩不影响毕业。

③ **注意事项**。每次所选课程将在缴费后24小时内开通，学生应及时认真查看所选课程是否是自己选定的课程，确保学期学习安排和进度正常。

每门课程的学习时长必须达到一定周期方可参加课程考试（各高校有具体规定），如因缴费选课较晚，导致课程开通时间与院校课程考试时间的间隔少于规定的最短学习期限，则无法预约参加当次课程考试。

2.1.3.4 订购教材

① 教材费用实行预交的办法，学生平台为每名学生建立了个人教材账户，预交教材

费的使用情况和余额均可在教材账户中查询明细。

② 新生第一学期的教材一般由学习中心根据新生情况进行网上教材集体预订，费用从学生教材账户中扣减。学生也可根据个人情况通过学生平台自行订购教材。纸质教材发放后，学生应及时到学习中心自行领取。

③ 到学习中心领取纸质教材时，应仔细核对《教材领用签领单》上记载的教材名称和单价，并在《教材领用签领单》上签字确认，签领记录将作为学生毕业时教材费用结算的依据。

④ 除本身质量问题外，纸质教材领取后一律不予退换。

⑤ 教材账户余额不足时，续交教材费后，方能继续订购教材。

⑥ 学生毕业或离校时，未使用的教材费余额一次性退还，需要开具教材发票的学生，根据学生平台教材费账户使用扣费金额，由图书发行单位开具教材费发票。

2.1.4 学习工具

如何进行远程学习？制定合理的学习计划，高效完成学习进度，积极参与互动交流学习活动，除此之外，熟悉使用各类学习工具也会使您的远程学习事半功倍。

关注奥鹏教育官方微信服务号（简称奥鹏教育官微），支持移动学习，提供学籍、费用、考试、成绩等关键信息自助查询功能，具体使用方法详见第5章相关内容。

了解学生手册规定，学生手册有最权威、最准确、最详尽的院校管理规定，是学习全过程的政策指导依据。

熟练使用学生平台，看通知、学课程、做作业、查成绩、课程论坛讨论交流……建议您定期登录学生平台，保持良好的学习习惯和学习进度，具体使用方法详见第4章相关内容。

2.2 入学指导

2.2.1 参加开学典礼

为帮助新生全面地了解远程教育的特点，树立积极的学习态度和信心，掌握科学、高效的学习方法，更快地适应远程学习，各地奥鹏远程教育学习中心一般在开学初组织新生开学典礼和入学教育活动。参加开学典礼将帮助您了解国家关于网络教育的政策规定，了解高校关于网络教育的教学和学籍管理要求，了解远程教育的学习模式、管理模式和学习支持服务模式，掌握网络学习的基础知识和操作技能，为您顺利开始学习奠定坚实基础。

2.2.2 查阅入学指导资料

您可通过奥鹏教育学生平台的“工具资料”栏目下载查看《学生手册》和平台功能介绍等资料，帮助您更全面地了解报读院校的规章制度，掌握平台操作技巧。

《学生手册》包含院校教学要求、学籍管理、毕业和学位管理等全面详尽的规定和要求，是您参加网络教育学习的重要指导资料。

2.2.3 学习导学课程

为帮助学生尽快地适应远程学习，奥鹏教育开发了远程学习导引课程——《现代远程学习概论》（图2-2），该课程包括九个模块，涵盖了远程学习特点、学习方法、时间管理以及如何在学生平台完成网上课程学习等内容，旨在帮助学生掌握网上自主学习的各种技能和方法，培养良好的自主学习能力与策略，为顺利完成学业奠定坚实基础。

图2-2 现代远程学习概论课程

第3章 远程学习方法介绍

3.1 远程教育的发展和特征

3.1.1 远程教育的发展历程

远程教育来源于英文的“distance education”一词，相应地还有teaching at a distance或distance teaching（远距离教学）、distance learning（远距离学习）等表述，但均指与常规院校师生之间面对面进行的教育相对应的新型教育形式。我国学者丁兴富对远程教育的概念界定如下：远程教育是对教师和学生在时空上相对分离，学生自学为主、教师助学为辅，教与学的行为通过各种教育技术和媒体资源实现联系、交互和整合的各类学校或社会机构组织的机构的教育的总称[1]。

远程教育的发展始终与教育技术、信息技术的发展紧密结合，形成不同的发展阶段，其发展经历了三代[2]。

第一代远程教育为函授教育，指基于邮政通信和印刷技术的远程教育，其技术代表和特征是邮政通信和印刷技术，以独立设置的函授学校和传统大学举办的函授教育为主要代表。

第二代远程教育是一个广义的概念，是指在函授教育的基础上，利用广播电视（卫星和微波）、录音录像等现代大众和个人传播媒体开展的远程教育。第二代远程教育的技术代表和特征是包括印刷材料、录音录像和计算机在内，总体设计优化的“教学包”或“学习包”，以各国独立设置的远程教育大学为主要代表。

第三代远程教育为现代远程教育，即基于现代信息和教育技术的远程教育，是指综合利用卫星电视网络、电信网络和计算机网络这三大网络资源以及其他可利用的教学资源开展的远程教育，其技术基础主要是电子通信技术和计算机技术。通过信息技术实现的双向交互使得现代远程教育相对于前两代远程教育更加灵活、个性化。网络教育专指基于计算

[1] 丁兴富．远程教育学基本概念与研究对象之我见［J］．开放教育研究，2005年第1期．

[2] 丁新．国际远程教育研究［M］．北京：高等教育出版社，2008年．

机网络的教育，是现代远程教育或第三代远程教育的形式之一，但并不是唯一的形式。网络教育可以是远程教育的一种形式，也可以是校园面对面教育的一种补充形式。

计算机多媒体和计算机网络赋予了远程教育新的技术特征，但现代远程教育中利用的技术媒体不仅仅是计算机网络和计算机媒体、视频会议系统和数字卫星电视等新媒体，还包括录音录像、电话电传以及印刷材料等老媒体，而且更讲究媒体之间的配合和总体设计。各代远程教育之间不是相互取代的关系，而是相互补充、协调发展的关系。当前，各类不同形式的远程教育仍共存于教育体系之中。

现代远程教育的发展已经成为全球性的大趋势，许多国家和地区的政府都将发展现代远程教育作为重要的战略，制订了专项计划和相应的政策，使远程教育不仅在各级各类教育中得以应用，更成为终身学习和学习型社会的重要组成部分。

3.1.2 远程学习的教学与学习

远程教育区别于传统学校教育的本质特征是：师生在时空上的分离，教学过程和学习过程的分离，借助各种媒体与技术手段实现教与学的交互。这决定了远程教育教学与学习具有不同于传统教育教学与学习的特点。

“以学生为中心”是远程教育教学与学习的核心，也是实践工作开展的出发点与立足点。远程教育师生分离、教学与学习分离的本质，就决定了需要通过精心设计的教学材料和学习支持服务来重构教学过程。远程教育需要充分根据课程和学生特点进行资源的设计与开发，学习支持服务也应该尽可能为学生提供个性化的支持服务。

突破限制，学生拥有更多自主权。大多数远程教育课程以学生的自学为主，教师的辅导为辅，强调学生学习的自主性与独立性。与传统教育相比，远程教育学习更加灵活，学生拥有更大的学习自主权，不仅可以在任何时间、任何地点、通过任何方式进行学习，也可以自行选择学习内容和学习进度。

以媒体、信息技术为中介。远程教育中大多数的教学和学习是通过媒体和信息技术来实现的，面对面的交互不是远程教育的主要教学形式。远程教育能够充分利用各种媒体的教学功能开展有效教学，其教学表现形式与组织形式多样化，同时也要求教师和学生具备较高的信息素养。

3.1.3 在线学习的兴起与发展趋势

随着信息设备与互联网应用的逐渐普及，学生的学习方式发生了很大的改变，在线学习越来越受到大家的关注和认可，也推进了在线教育行业的快速发展。在技术的推进下，出现了MOOC、翻转课堂、混合学习、移动学习、泛在学习等创新教育模式。这些模式既是现代信息技术快速发展和教育信息化普及的重要成果，同时又是促进全球教育变革和创新的新动力。

MOOC（Massive Open Online Courses，指大规模网络开放课程），中文音译为“慕课”，由美国著名大学发起，全世界学习者可以通过网络自由、免费地注册选修课程，选课学生与授课教师又可以借助网络平台，进行各式的互动交流及效果评量。自2012年以来，

MOOC浪潮持续发酵，各国高校和学习者热情高涨，各国政府和教育机构也逐步将其列入战略发展规划中，陆续推出有地域特色的自建平台和课程[1]。国内的主要MOOC平台有清华大学的“学堂在线”，上海交通大学的“好大学在线”，北京大学的“华文慕课”以及“中国大学MOOC”等，此外还有一些以高校为主的联盟和平台。2014年，教育部在清华大学设立了在线教育研究中心，深入探索相关问题。2015年，教育部下发文件，推动在线课程的建设和学习成果认证，旨在建立共享机制，促进优质资源的共享和学分互认。也就是说，一些MOOC课程的学习已经可以认证部分高校的学分了。此外，目前MOOC运营商在大学前置课程、高校校内教学、职业教育等方面均有实践，MOOC体系仍在探索和不断完善的过程中。

翻转课堂（Flipped Classroom）也是随着互联网的发展而出现并逐渐普及的一种教学模式，是指学生在课堂之外自主学习，完成课程基础内容的学习，在课堂上进行练习和交流，与老师和同学之间进行互动、完成知识的内化。翻转课堂的目的是优化和改变教学内容的呈现方式和教学组织过程，以帮助学生达到学习目标。这种形式对学习者的自主学习能力要求较高。

混合学习（Blended Learning）是将在线教学和面对面教学各自优势进行整合设计的一种教学形式，主张通过两种形式的结合，提高学生之间、学生和教师之间的交互，减轻全在线学习形式中学生存在的孤独感。目前国内很多高校已经在基于MOOC或其他在线资源开展校内混合式教学的探索。

移动学习（Mobile Learning）随着移动设备和移动网络的普及而成为受人追捧的一种新模式。移动学习具有灵活性，可以随时随地进行语音、视频、数据等信息的交流，特别适合辅助培训、绩效支持、语言练习等碎片学习和通过关注公众号的浅阅读，也可作为传统课堂的补充[2]。目前，在奥鹏教育官微中已为学生提供了移动学习平台，与在线学习平台完全对接，能够实现移动端的信息查询与通知提醒、课程学习、作业与测试、互动交流等功能，满足学生随时随地学习的需求。

泛在学习（Ubiquitous Learning），就是利用信息技术使每一个学习者可以随时、随地、随意地使用手边相关的数码工具来进行各项学习活动。泛在学习的核心理念是“人人、事事、时时、处处”。泛在学习理念认为，学习是一种生存方式，具有情境性、真实性、自然性、社会性和整合性，人类的学习活动是工作与生活融为一体的。目前，不少国家和地区已经将泛在学习列入国家战略，开展针对性的研究与实践应用探索。

现在和未来的学习更强调在现实世界、用移动设备进行学习，在具体情境下进行学习和思考，将社会环境变为学习的场所。技术的发展将使学习无处不在，科技与教室、社会环境相结合，从而实现开放、合作、个人定制式的学习，是21世纪学习的发展方向。

---

[1] 袁松鹤，王海荣等．四个MOOCs平台10门课程的比较研究——MOOCs教学的创新方向与启示［J］．中国电化教育，2014年第10期．

[2] 奥鹏教育研究院．开放与远程教育环境的分析与发展研究［R］．“新时期奥鹏公共服务体系创新发展研究”项目系列研究成果．

3.2 远程学习的方法

选择奥鹏教育将不再是您自己一个人学习，您将会得到许多老师及同学的帮助，而这一切需要您主动地参与。您可以自己独立学习（在学生平台或奥鹏教育官微移动学习平台中浏览课件、阅读学习纸质教材或电子教材、做作业等），还可通过课程论坛、教师信箱、咨询电话等多种沟通方式与老师、同学开展问题讨论和学习交流。

网络课程的学习与传统教学方式相比有共同点，也有不同点，建议您定期登录学生平台查看公告通知，及时了解院校和学习中心的教学活动和重要事项安排。同时，掌握科学合理的远程学习方法（图3-1），做好自我学习管理，将帮助您极大地提升学习效率和学习效果。

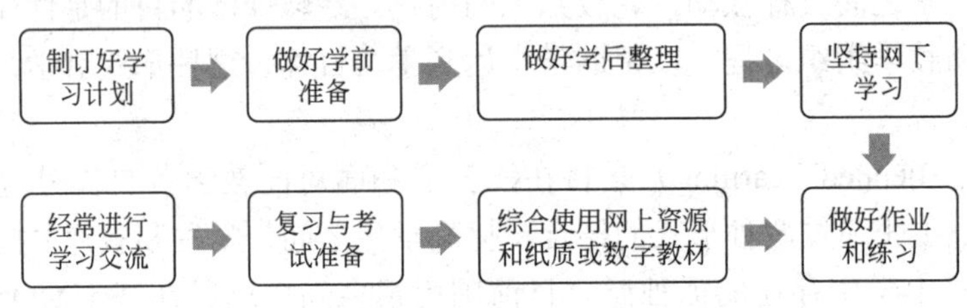

图3-1 远程学习方法

3.2.1 制订好学习计划

在远程学习中要认真做好自主学习的环节。自主学习是网络教育中主要的学习方式，有赖于学习者主动地参与，包括多个方面：自己独立学习（浏览课件、学习教材、查看导学资料、做作业等）、师生间的问题讨论、同学间的互动交流，以及其他形式的沟通交流。

在开始学习前，您应该清楚地了解完成学业须取得的教学计划学分要求、要修读多少门课程、课程的类别、申请学位的特殊要求等。此外，还要根据本学期所公布的学习计划和考试时间，了解每学期需学习的课程，合理安排学习时间，积极参加课程答疑交流，按时提交作业。为此，您应充分了解所选专业的教学计划，建议您认真查看学生平台中的教学计划与课程设置，同时结合个人学习特点、工作时间、经济情况及身体状况等综合条件，制订一个完整的学习计划。

3.2.2 做好学前准备

网络教育主要采用课件学习的方式。建议您在学习课件前做好准备，掌握最适合自己的学习方法，每次学习前应当预习课程内容，了解主要的知识点、课程的难易程度、涉及的习题、有无特殊要求（如演示实验等），对没有理解掌握的知识点做好记录。

3.2.3 做好学后整理

您完成课件学习后，可以将笔记整理成详细的文字材料，尤其要把在线学习中已解决的问题记录下来，为今后复习、备考提供方便。整理的过程也是一次复习的过程，对疑难知识点可以加深记忆，也有助于发现、解决新问题。课程学习与整理结束后要按照课程教学要求及时完成并提交作业。

3.2.4 坚持网下学习

在平时的学习和生活中应该有意识地学以致用，将理论知识应用到实际工作和生活中。例如，远程学习首先要学会使用计算机，把老师讲的内容在计算机上进行实践，动手实操既可以加深理解，也能够激发学习兴趣。

对于学习中遇到的新问题，可以通过教材或相关资料补充知识，还可以寻求老师和同学的帮助，在巩固知识的同时，增进了师生间和同学间的交流与感情。

3.2.5 做好作业和练习

远程学习也有平时作业，教师会根据教学要求和课程内容布置在线作业或离线作业，您需要按要求认真、及时地完成并提交作业。大部分课程的作业成绩计入总评成绩，各院校规定不同，一般占课程总成绩的10～100分不等。

3.2.6 综合使用网上资源和教材

奥鹏教育官网的“院校”栏目为您提供了学习日历、教学计划、学习计划、常见问题解答等学习参考资料，了解、掌握这些信息，可以使您的学习更有针对性，更为便捷、高效。

3.2.7 复习与考试准备

在课程学习结束后的复习阶段，您可以依据院校考试大纲，参考课程的学习重点和考前复习题，把课程内容从头到尾整理一遍，疑难的地方可从教材或课件中寻找答案，也可通过课程论坛讨论区向老师、同学们请教。考试前，院校和奥鹏教育也会根据学生学习情况组织考前的网上、网下各种形式的辅导和答疑。

3.2.8 经常进行学习交流

在学习过程中，您可以通过多种渠道发表自己的观点，交流学习心得，咨询问题。建议您每天登录学生平台，了解最新的公告通知，在课程论坛中与老师和同学进行问题讨论和交流，在巩固自己所学知识的同时还能帮助其他同学。建议您定期与课程辅导老师、所在学习中心的老师通过电话、E-mail等方式联系，咨询答疑，沟通学习情况。

3.3 远程学习流程图

远程学习流程如图3-2所示。

奥鹏教育远程学习流程图

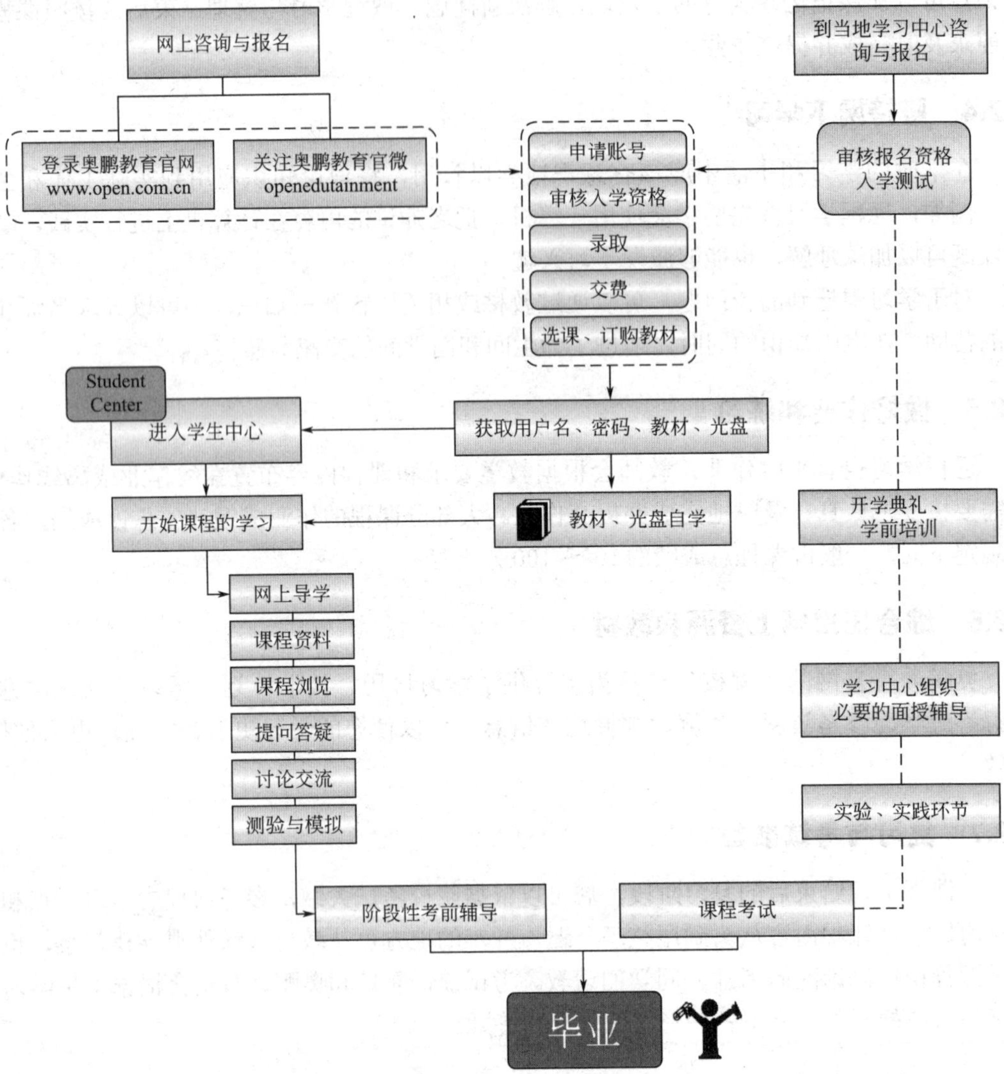

网上咨询与报名
登录奥鹏教育官网 www.open.com.cn
关注奥鹏教育官微 openedutainment
到当地学习中心咨询与报名
审核报名资格 入学测试
申请账号
审核入学资格
录取
交费
选课、订购教材
获取用户名、密码、教材、光盘
Student Center
进入学生中心
开始课程的学习
教材、光盘自学
开学典礼、学前培训
网上导学
课程资料
课程浏览
提问答疑
讨论交流
测验与模拟
学习中心组织必要的面授辅导
实验、实践环节
阶段性考前辅导
课程考试
毕业

图3-2　远程学习流程

3.4 远程学习模式的关键环节

远程学习不受时间和地点限制，学生通过网络获得丰富、多样的学习资源，在老师的帮助和指导下，以网上学习为主，结合线下的教材与资料自学，积极参与网上讨论和交流等完成学习，教学互动过程如图3-3所示。

远程学习模式可以概述为12个关键环节，如图3-4所示，其中，“学位”与“统考”环节仅报读本科层次的学生涉及。

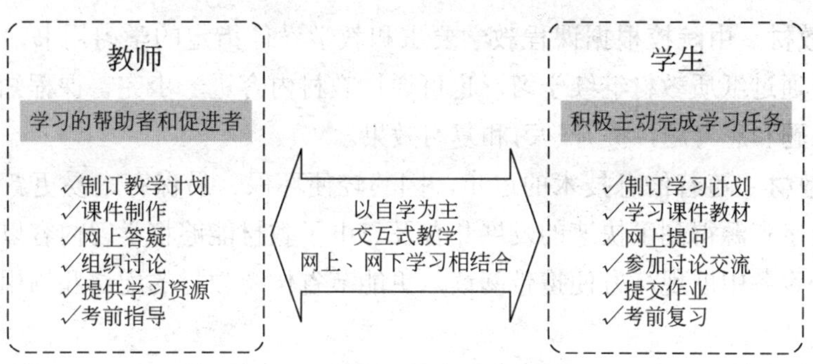

图3-3 远程学习的教学互动过程

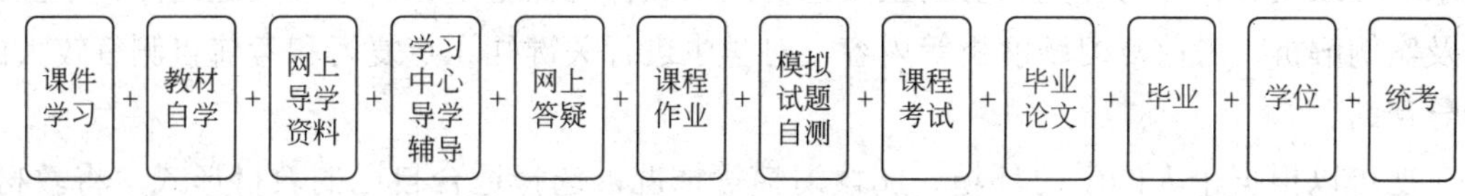

图3-4 远程学习模式

3.4.1 课件学习

网络教学以课件学习为主，老师将本门课程的主要知识和最新信息以多媒体课件形式传授给学生。了解课件的结构、内容及使用方法，是网络学习的重要环节，这样才能确保网络学习的顺利进行，保证学习效果。

您可以根据个人情况，在任何时间、任何地点、从任何章节开始学习，对于知识点难度较大的章节可以反复学习。建议您对课程的关键知识点进行记录，便于您巩固学习效果，更好地完成作业和准备考试复习。

3.4.2 教材自学

教材在现代远程教育中作为教学的辅助工具仍具有其特有的作用和价值，是课程资源中非常基础并且非常重要的组成部分。远程学习所使用的教材充分考虑成人在职学生的学习环境和学习特点，是网络课件的配套教学资料，能够帮助学习者系统地获得知识，巩固网络课件学习效果，是课程复习与练习的重要、必要补充，是提升远程教学质量的有效辅助工具。

教材自学能够促进学生循序渐进、由浅入深、由易到难地开展自主学习，更为准确、全面地理解知识点，有利于培养学生独立思考问题、分析问题和解决问题的能力，帮助学生更好地形成易于个人掌握的知识经验。同时，教材包含广泛丰富的学习资源，可以促进学生拓展思维，满足学生个性化、自主性和实践性的学习需求。为了获得更好的学习效果，建议您善用教材，能够充分地学习、领悟、吸收和内化教材的知识点和知识体系，准确地、深度地挖掘教材的内涵和价值。

奥鹏教育与合作院校为学生提供了三种形式的教材资料，其中部分院校的个别课程采用开卷形式考核，教材是学生参加考试的重要辅助资料。

① **纸质教材**：由院校根据课程教学要求和教学设计指定的学习用书，当您不方便使用网络时，可通过纸质教材继续学习，也可通过教材内容进一步完善课程知识点学习，完成教材的练习题和思考题，提升学习和复习效果。

② **电子教材**：随着信息技术的进步，因其轻便环保、易保存、易更新、性价比低等突出特点，数字资源得到了快速的发展和普及。电子教材能够将学习内容以科学直观的图文形式在电子设备中展现，方便携带阅读，更能节省传统教材的配送和领用时间，订购即可阅读学习。

③ **电子辅导资料**：电子辅导资料与网上课件有密切关联，紧扣课程教学要求及考核要求，与纸质教材互为补充。资料主要包含网上课件的课堂笔记，章节关键词汇、重点例题及案例解析，考前复习题解析等内容，对学生进行关键知识点复习和考前自测有较大的指导帮助。

您可以根据个人的学习环境、阅读习惯等情况，选择适合自己的教材形式，将教材、电子辅导资料、光盘课件及网络课件结合起来学习，能够取得比较好的学习效果。

3.4.3 网上导学资料

导学资料主要指网络课程的辅导老师根据课程大纲的要求，介绍课程的特点、知识体系，以及学习该门课程所需的前期准备知识，向学生传授科学的学习方法，指出课件与教材的关系，指导学生在学习过程中如何合理利用教材和网络课件相结合达到良好的学习效果，还会提供课程可参考的书目及其他辅导材料。

导学资料一般分为开篇导学、阶段导学和期末导学三部分。开篇导学，是对课程的整体学习目标和学习方法进行阐述；阶段导学，是按照课程内容和教学进度给予学习过程指导，结合课件与教材提出各阶段明确的学习目标，介绍学习方法和注意事项；期末导学，是帮助您制订复习计划，指导复习进度，对重要知识点和复习方法进行有针对性的指导。您可登录学生平台，在课程的“导学资料”栏目中查看相关内容。

3.4.4 学习中心导学辅导

远程学习要求学生具有较强的自主学习能力，在个别课程学习有一定难度时，各地学习中心会根据课程特点和学生学习情况安排一定的线下面授辅导，您可以自主决定是否参加。

3.4.5 网上答疑

您在课程学习过程中遇到的具体问题，可以通过“课程论坛”或“实时答疑”咨询求教。每门课程均设有专用的“课程论坛”，辅导老师一般会在48小时内解答您在论坛中提出的问题。院校根据课程特点和教学要求组织线上“实时答疑”，建议您及时关注课程公告中发布的实时答疑通知安排，自行选择参加答疑活动。

3.4.6 课程作业

课程作业是检验远程学习效果的重要环节。根据课程的特点，老师在课程讲授过程中通过学生平台布置作业，一般分为在线作业与离线作业两种形式。按要求完成规定的作业是课程教学要求中的一项学习任务，作业成绩是课程总评成绩的重要组成部分。

3.4.7 模拟试题自测

在学习完一门课程后，您可以通过做模拟试题，检测自己对所学知识的掌握程度以及综合运用能力，同时了解实际考试模式和考试要求。

3.4.8 课程考试

每学期考试内容以开设课程提供的教学大纲和考试大纲规定的范围为准。考试内容既考核学生对理论知识和技能的掌握程度，也检验学生运用基本理论分析问题和解决问题的能力。

每学期开学时，学生可以通过学生平台的“学习计划”了解当学期课程的考试安排，获取每门课程的考试形式、考试时间、作业成绩占比等重要信息。

3.4.8.1 课程考试形式

课程考试一般包括集中考试、作业考核、课程报告三种形式。

① **集中考试**：学生须在规定时间到指定的考点（一般为所在的学习中心）进行。根据课程教学要求和特点，集中考试分为闭卷考试、开卷考试和机考三种方式，其中开卷考试可携带与课程相关的纸质资料。集中考试形式的课程，其总评成绩一般由考试成绩、作业成绩、学习过程积分等几部分按一定比例共同组成。

② **作业考核**：学生须在规定时间内完成并提交在线作业或离线作业，作业成绩作为该课程的考查依据。

③ **课程报告**：学生根据课程要求完成并提交课程报告，报告成绩作为对该课程的考查依据。

3.4.8.2 课程考试考点

集中考试在奥鹏远程教育中心批准的考点举行，一般设在学生所在奥鹏远程教育学习中心。如您因特殊情况需要异地参加课程考试，可以在考试预约期内，联系您所在的学习中心协助办理借考。各院校对于学习过程中的借考次数有限制规定，如您工作、生活地点变迁，建议您申请办理学习中心异动手续。

3.4.8.3 考试预约制

集中考试的课程采用预约制报考，预约成功后，院校根据预约情况安排试卷印制和考场座次分配并组织考试。

为保证教学质量和学习效果，院校规定满足最短学习时间的课程方能预约考试，即学生选课至考试预约的时间间隔不能少于规定天数。

考试预约期内，您可通过学生平台查询预约情况，也可根据个人学习情况联系学习中心对预约课程进行调整。补考或重修课程需单独联系学习中心进行预约报考。考试预约截止后不能取消，如约考但未参加考试，课程成绩按考试缺考记录。

3.4.8.4 课程考试流程

建议您了解集中课程考试的组织流程，如图3-5所示，合理安排复习，按时顺利参加考试。

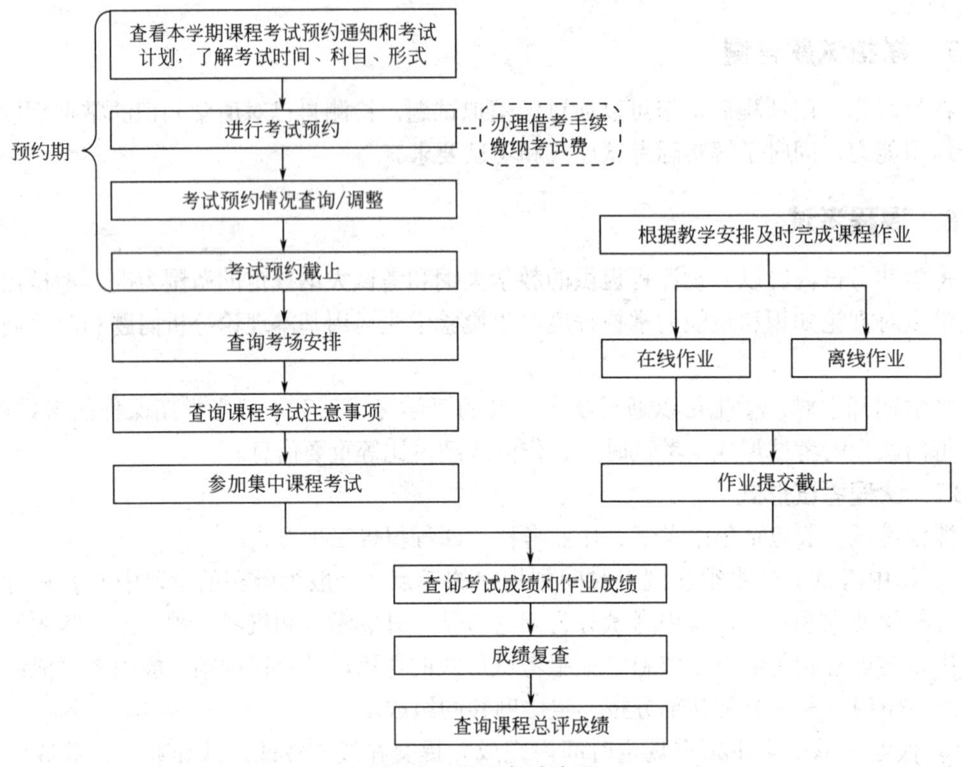

图3-5 课程考试流程

3.4.9 毕业论文

毕业论文写作是教学计划中独立的一门课程设置，是学习期间需要完成的最后一个环节，也是您在毕业前的必修课。

论文写作通过学生平台中的毕业论文系统完成，选题、提纲、初稿、终评等全部写作和指导交互环节都在网上进行，论文写作流程如图3-6所示。在撰写毕业论文时，您可以根据论文写作要求选择院校提供的论文参考题目，也可以结合自己的专业和兴趣自拟论文题目。院校会根据学生选题的情况，安排论文指导教师对学生进行论文指导和交流。论文

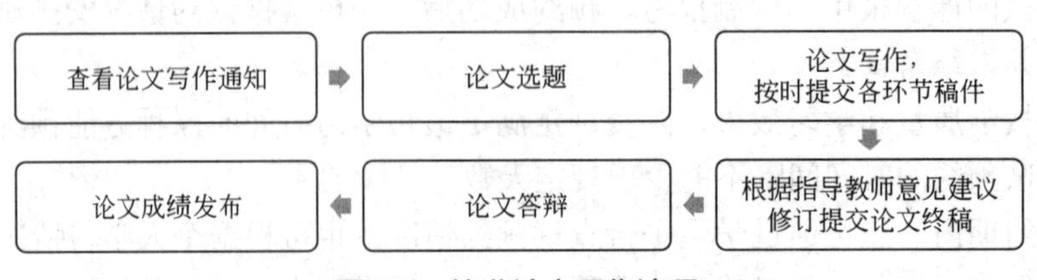

图3-6 毕业论文写作流程

答辩工作由院校根据实际情况组织实施。

3.4.10 毕业

有效学习期限内修满教学计划所规定的学分（报读本科层次学生还须通过教育部规定的统考），满足毕业条件者，由院校审核后报上级教育行政主管部门进行毕业资格综合审查，审查合格者准予毕业，颁发高等学校毕业证书，进行教育部高教信息网学历电子注册，国家承认学历。

毕业办理一般流程如图3-7所示。

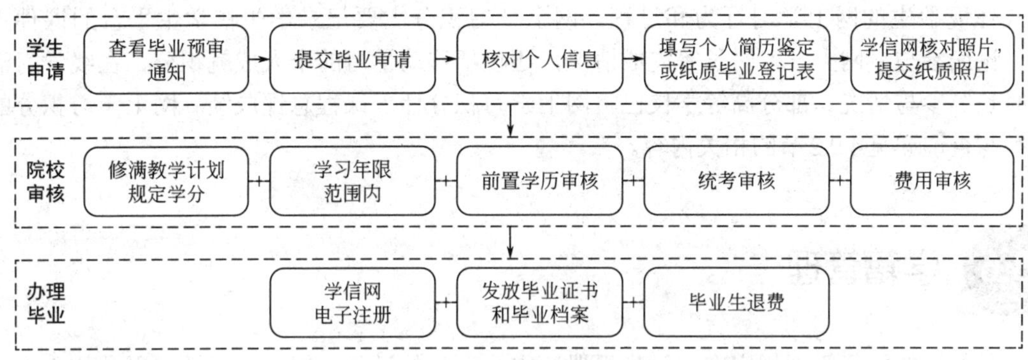

图3-7 毕业办理流程

3.4.11 学位

报读本科层次的学生毕业后，符合学士学位授予条件者，经本人申请，由高等学校学位评定委员会审核，审核合格者授予成人高等教育学士学位，并颁发成人高等教育学士学位证书。

一般来说，申请学位要求学生的课程平均分、学位外语、论文答辩等符合一定条件，各院校的学位授予条件在《学生手册》中均有具体的规定和说明。建议您在开始学习时考虑是否申请学位，如需申请学位，应在学习过程中对照院校学位授予规定努力达到申请的条件，此外还需及时关注学生平台发布的学位申办相关通知，按时完成学位申请事项。

3.4.12 统考

“统考”是指教育部对现代远程教育高校网络教育部分公共基础课实施的全国统一考试，是对网络高等学历教育部分公共基础课的全国统一测试，一般简称为“统考”。

为进一步加强网络教育的规范管理，提高网络教育的社会声誉，确保网络教育人才培养的质量，促进网络教育健康、有序地发展，教育部对报读高等学校本科层次网络学历教育的学生（含高中起点本科、专科起点本科）实行部分公共基础课程全国统考，所有统考科目成绩合格作为教育部高等教育学历证书电子注册资格的条件之一。

统考考试时间一般在每年4月、9月、12月中下旬，一般考前2个月左右报名。统考根据学生报读层次和专业指定考试科目，考生在报考时应特别注意。统考考试形式为机

考，即在电脑上作答，需要学生掌握一定的计算机操作技能。

统考政策法规和相关信息可登录全国高校现代远程教育协作组、全国高校网络教育考试委员会主办的“中国现代远程与继续教育网”（http://www.cdce.cn/）查询了解。

3.5 网上学习过程积分管理

为强化过程学习，鼓励学生积极参与网上学习活动，奥鹏教育采用“网上学习积分”方式体现学生的网上学习行为和过程。网上学习积分主要记录学生在学生平台的课件点播、论坛参与、网上学习时长等完成情况，还包括移动学习的个人成就积分、在线学习活动时长等参与情况。部分高等学校已将网上学习积分计入课程总评成绩。网上学习积分的获得与查询详见4.9.2节的相关内容。

3.6 学籍管理

各院校的学籍管理规定在《学生手册》中均有具体说明，您可登录学生平台的“工具资料”栏目，在“常用指南”中下载查看。建议您重点了解、掌握以下学籍管理要求。

3.6.1 学籍注册

根据国家教育部高校学生司2007年9月颁发的《高校学生获得学籍及毕业证书政策告知》，国家实行普通高等学校本、专科新生学籍电子注册制度，对通过学籍注册审核、取得正式学籍的学生实行学籍电子注册。

各院校新生学籍注册一般须符合以下要求。

① 报名信息完整并在规定时间内及时核对确认使其准确、真实、有效。

② 通过入学测试或免试资格审核。

③ 报读时的前置学历真实有效，其中报读专升本层次的学生，前置学历证书须为国民教育系列证书，即在教育部进行电子注册的高等教育毕业证书。

④ 在规定时间内及时提交学籍注册审验资料及新生入学档案。

具体学籍注册要求以院校规定为准，凡符合条件经院校审核录取的学生，由院校提报上级教育主管部门审核并予以学籍电子注册。**学籍一经注册，相关学籍信息原则上不得更改。**

3.6.2 学制与学习年限

学制是指各级各类学校教育制度，反映各级各类学校教育内部的结构及其相互关系，规定各级各类学校的性质、任务、入学条件、修业年限及他们之间的衔接、转换等。学习年限是学制的一项内容。

根据教育部关于加强高校网络高等学历教育规范管理的相关通知要求，网络高等学历教育是主要面向成人从业人员的非全日制教育，实行弹性学制和学分制。各高校根据学科专业特点，对各层次专业的学习年限（从注册到毕业的时间）均设置了最短和最长的时间要求。一般来说，高起专和专升本的学习年限为2.5年～5年，高起本学习年限为5年～7年。各高校对各层次专业的具体学习年限要求以《学生手册》规定为准。

超出学习年限则不能继续进行课程学习及考试等教学活动，无法正常毕业。建议您参照院校和奥鹏教育推荐的“学习计划”，科学合理地安排学期学习进度，顺利完成学业。

3.6.3 学籍异动

学籍异动是指学生学籍上的非程序化变动。学生在读期间的转学、转专业、退学等学籍异动，均需按照院校《学生手册》中学籍管理相关的制度和流程办理。学籍异动由学生本人提出申请，并提交管理规定中要求的资料，办理流程如图3-8所示。

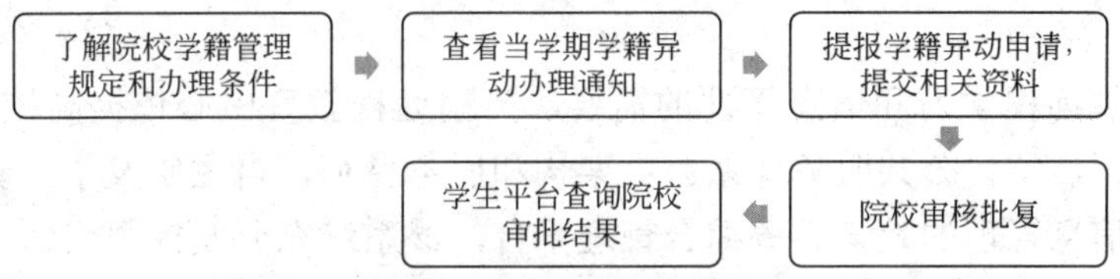

图3-8 学籍异动办理流程

第4章 学生平台使用指南

4.1 关于学生平台

为满足学生远程学习和信息管理的需要，奥鹏远程教育中心依据高校远程教育政策和教学管理流程，结合公共服务体系服务架构和服务特征，自主研发了一套满足教、学、管、服全过程信息管理的教学教务综合管理平台，该系统充分发挥现代信息技术的优势，具备标准化、规范化、个性化、开放性、集成性、安全性等突出特点，可以实现多种资源存储、传输功能，能够实施教学过程管理、服务和跟踪，为学生、教师和教学教务管埋提供“一站式”平台服务支撑和解决方案。

“学生平台”是奥鹏教育教学教务综合管理平台下的一个子系统，是为每名学习者创建的个性化专属学习空间，是可以满足学生完成缴费、选课、订购教材、学习、答疑、测试、作业、咨询答疑以及互动交流等远程学习全过程管理和查询的系统。

熟悉学生平台各项功能的分布位置和操作方法，会使您的网络学习更为便捷高效。概括来说，学生平台包括个人中心、学习环节、助学信息、工具栏四大功能，如图4-1所示。

图4-1 学生平台功能分类示意图

① **个人中心**：包括学生的个人基本信息、学籍信息、录取信息等，也可进行基本信息和平台密码的更新和修改。

② **学习环节**：根据远程学习过程，以关键学习环节为单位，分别归类了各个环节所需使用的功能和信息，例如在“我的缴费”环节，可以进行费用缴纳操作、查询费用使用明细等。

③ **助学信息**：为方便您了解当前的学习情况，学生平台首页中间位置提供了在修课程和未完成作业的快速链接，还包括最新的通知公告、学习进度统计以及学习日历等助学信息。

④ **工具栏**：包含通知公告、乐乐邮箱、工具资料、雪晴论坛、客服中心等辅助工具。

4.2 学生平台账号管理

注册账号是您使用学生平台的第一步。整个学习过程中，您需要经常登录学生平台获取学习资源，查询教学通知和各类重要信息，建议您妥善保管个人账号，维护自己合法的学习权益。

4.2.1 账号注册

您在奥鹏远程教育学习中心报名后，就可以进行学生平台的用户注册操作，具体步骤如下。

① 登录奥鹏教育官网首页（http://www.open.com.cn），点击页面左上方工具栏中的“OES学习平台”，如图4-2所示。

图4-2 奥鹏教育官网首页

② 进入“奥鹏远程教学管理系统”，如图4-3所示，点击“学生入口”进入“学生平台”。

图4-3　奥鹏远程教学管理系统

③ 在学生平台登录页面，如图4-4所示，点击“注册”按钮。

图4-4　学生平台登录页面

④ 跳转至学生平台的“用户注册”页面后，首先进行学员身份验证，如图4-5所示，您可根据系统提示，按步骤填写您的证件类型及号码、奥鹏卡号、真实姓名，点击“下一步”，进入注册信息页面。

图4-5　学生平台用户注册验证学员信息

⑤ 在注册信息页面，填写您设定的登录名称、登录密码，如图4-6所示，这也将是您使用“乐乐邮”的用户名和密码。“登录名称”可由字母、数字、下划线组成，须以字母开头，长度在5～20位之间；“登录密码”可由字母、数字组成，且长度在6～15位之间。完成注册信息设置后，点击“注册”按钮完成学生平台账号申请操作。

图4-6　学生平台用户注册设置登录账号

4.2.2　账号密码变更

为确保您的学生平台账号安全，建议您定期更换平台登录密码。

登录学生平台首页，如图4-1所示，点击“个人中心”的“详细信息”，进入个人中心页面后点击“修改密码”，输入原密码和新设置密码，如图4-7所示，即可完成密码变更操作。

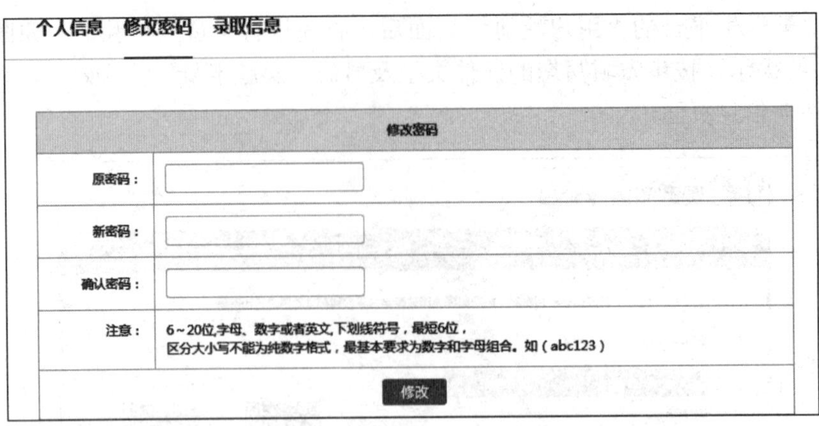

图4-7　学生平台修改密码

4.2.3　账号密码遗忘找回

如您不慎遗忘密码，但曾在学生平台“个人中心”进行过手机号验证操作（详见4.3.3节相关内容），即可在学生平台登录页面点击“忘记密码”按钮，如图4-4所示。在找回密码页面中，选择“用绑定手机找回”的方式进行密码重置，如图4-8所示，按系统提示完成操作即可。

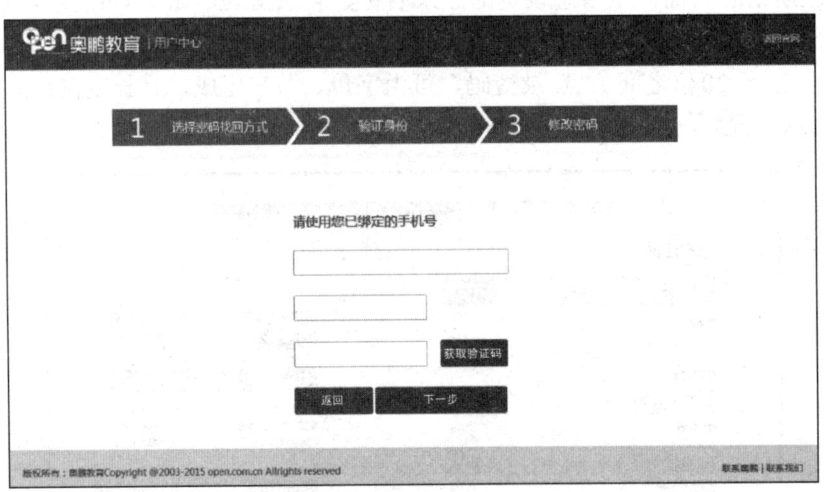

图4-8　学生平台密码找回

4.3 个人信息管理

学生平台记录了您报读学习相关的个人信息和学习过程信息。为确保您在教育部的学籍注册信息准确无误，保证您的个人基本信息和联系方式真实有效，建议您在报名后及时登录学生平台核对。

在学生平台首页的“个人中心”处有您报读的简要信息，如图4-9所示。点击“详细信息”，您可以查询更多的“个人信息”和“录取信息”，还可以进行学生平台“修改密码”的操作。

图4-9　学生平台首页个人中心

4.3.1　查询与修改个人信息

“个人信息”包括您的个人基本信息、联系方式和学籍注册信息，其中您的个人基本信息和联系方式可以随时“修改信息”，如图4-10所示。

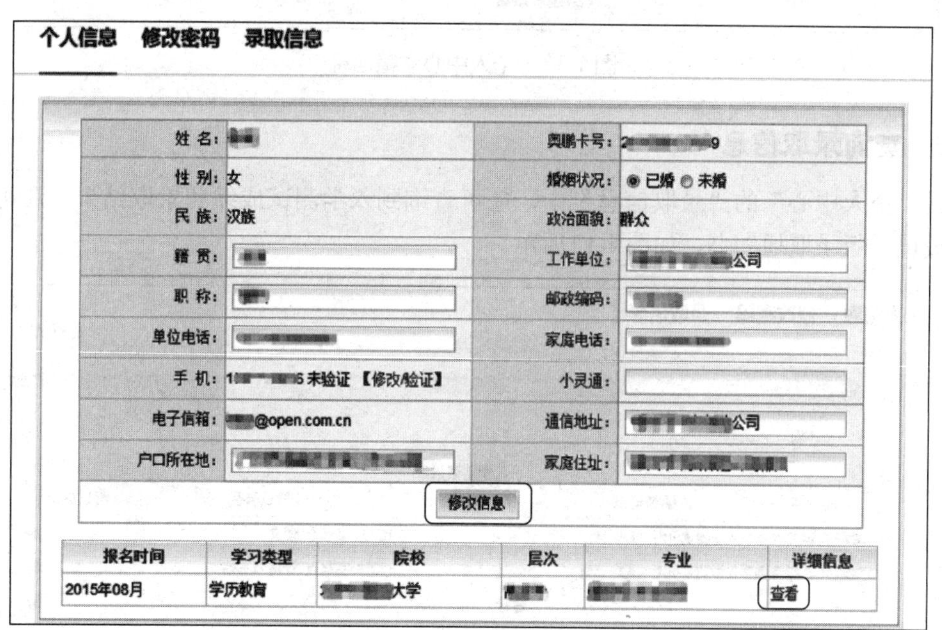

图4-10　学生平台个人信息

在“个人信息”页面底部点击“查看”链接（图4-10），可以查询您的学籍注册信息、前置学历信息等，如图4-11所示。其中您的姓名、出生日期、证件号码、性别、民族、报读层次和专业、原毕业学校及毕业证书编号等均为重要的学籍注册信息，应在入学测试前完成核对，确保准确无误。

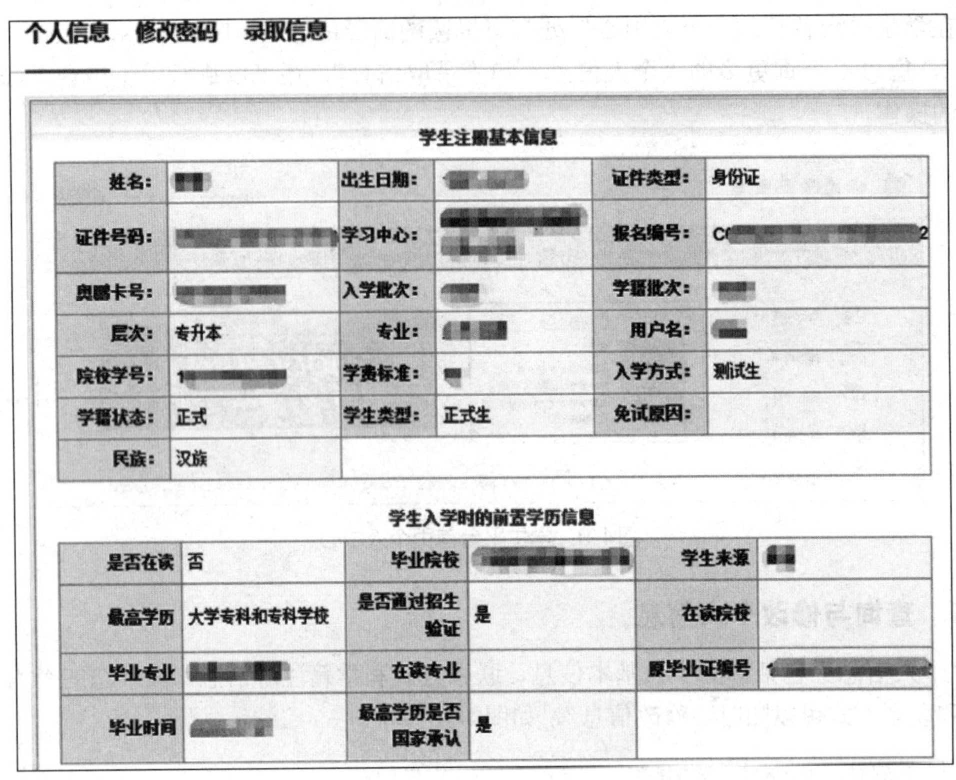

个人信息　修改密码　录取信息

学生注册基本信息

姓名:		出生日期:		证件类型:	身份证
证件号码:		学习中心:		报名编号:	
奥鹏卡号:		入学批次:		学籍批次:	
层次:	专升本	专业:		用户名:	
院校学号:		学费标准:		入学方式:	测试生
学籍状态:	正式	学生类型:	正式生	免试原因:	
民族:	汉族				

学生入学时的前置学历信息

是否在读	否	毕业院校		学生来源	
最高学历	大学专科和专科学校	是否通过招生验证	是	在读院校	
毕业专业		在读专业		原毕业证编号	
毕业时间		最高学历是否国家承认	是		

图4-11　个人中心学籍信息

4.3.2　查询录取信息

在“个人中心”的“录取信息”中，您可查询到入学测试成绩和录取结果，还可以打印院校电子版录取通知书，如图4-12所示。

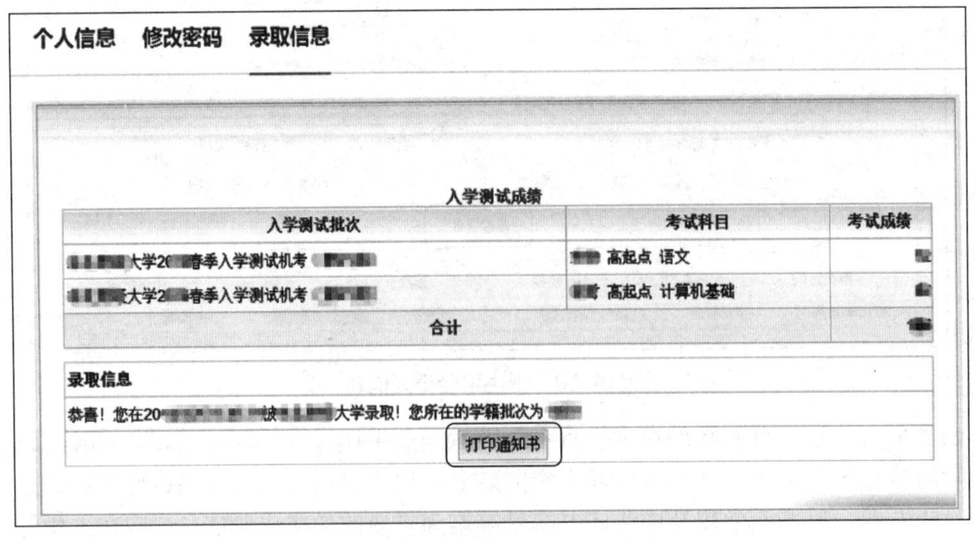

个人信息　修改密码　录取信息

入学测试成绩

入学测试批次	考试科目	考试成绩
大学20春季入学测试机考	高起点 语文	
大学2春季入学测试机考	高起点 计算机基础	
合计		

录取信息

恭喜！您在20　大学录取！您所在的学籍批次为

打印通知书

图4-12　个人中心录取信息

4.3.3 手机号验证

为提升账号管理的安全性和便捷性，奥鹏教育学生平台提供手机号验证功能。这个功能可以帮助院校和奥鹏教育了解您有效的联系方式，以便在学习过程中为您提供免费的短信提醒服务，同时为您提供手机动态密码登录和密码找回服务。

建议您注册学生平台账号后，首先进行手机号验证操作。登录您的学生平台，在“个人中心”的“个人信息”栏目，如图4-10所示，“手机”栏是由学习中心填报的您报名登记的手机号码，点击“【修改/验证】”链接跳转至手机号验证界面。

在手机验证页面，首先确认您的手机号码是否正确，如有错误，应首先更正号码，然后点击“发送验证码”，系统自动向该手机号发送一个随机6位数字的验证码。您收到短信验证码后，请注意在系统规定的输入时间内填写到“验证码”提示框中，如图4-13所示，点击“提交修改”按钮，即完成了手机号码验证操作。

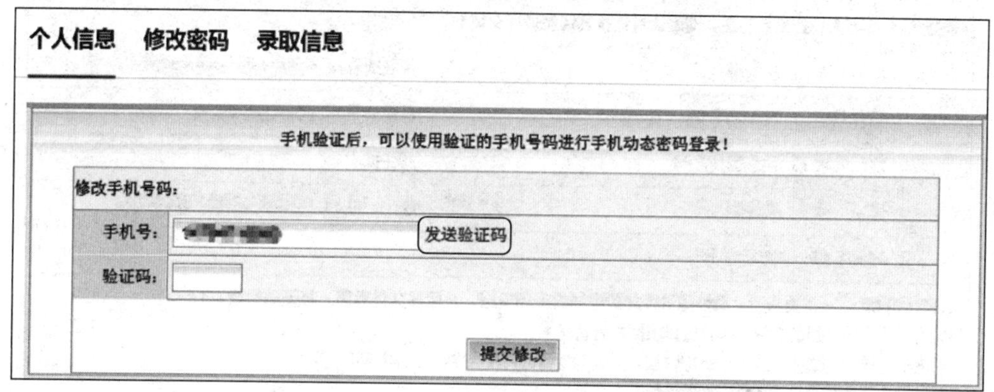

图4-13　学生平台手机号码验证

完成手机号码验证操作后，您也可以按此步骤和方式在学生平台的登录页面，使用“手机动态密码登录”方式登录平台，如图4-14所示。

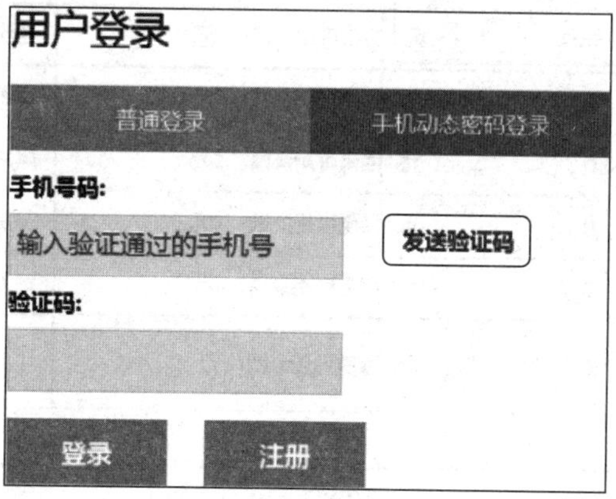

图4-14　手机动态密码登录

4.4 如何交费

当您被院校录取后，即可通过网上银行交纳各种学习费用，费用按高校规定的费用项目交纳。

4.4.1 网银缴费

① 登录您的学生平台，在左侧学习环节的“我的缴费”中点击“我要缴费”标签，弹出缴费界面，如图4-15所示，请首先核对您本人的信息，查看缴费的重要提示，确认信息无误后在下方的缴费项目中，勾选缴费科目，在对应科目输入缴费金额，点击“直接付款”。

同学您好！如下为您的报名信息，请确认对该报名信息进行交费！

姓　名：		报名编号：	
证件号码：		奥鹏卡号：	
院　校：		招生批次：	
层　次：		专　业：	
学费标准：	元/学分		

缴费项目明细：（重要提示：请慎重选择您要缴纳的费用项目，一经提交付款后，将无法修改。）
请输入需要缴费科目的金额，并且选择前面的复选框。
学分制学生首学期缴费不能低于缴费限额，如有问题请咨询所在学习中心老师！
学年制学生只能按照每学期缴费额度缴费！

学费分期

学费：	☑金额：2100 元	当前可用余额：0元	预估应交学费：2100 元
教材费：	☑金额：500 元	当前可用余额：0元	建议新生预交教材费：500元
入学测试费：	☐金额：0 元	当前可用余额：0元	仅课程进修生缴纳
照片采集费：	☐金额：0 元	当前可用余额：0元	照片采集费已缴纳
学位考试费：	☐金额：0 元	当前可用余额：0元	参加学位考试学生缴纳
学历认证费：	☐金额：0 元	当前可用余额：0元	每人95元
论文重写学费：	☐金额：0 元	当前可用余额：元	

直接付款

图4-15　填写缴费信息

② 再次核对您的个人信息、缴费科目、缴费金额，如图4-16所示，确认无误后，请选择您方便的线上支付方式：直接选择银行、支付宝支付、易宝支付、银联在线支付。为方便未开通网银支付方式的学生及时缴费，部分学习中心提供POS机刷卡支付服务（请提前与您所在学习中心联系，确认是否能够现场POS机刷卡缴费）。

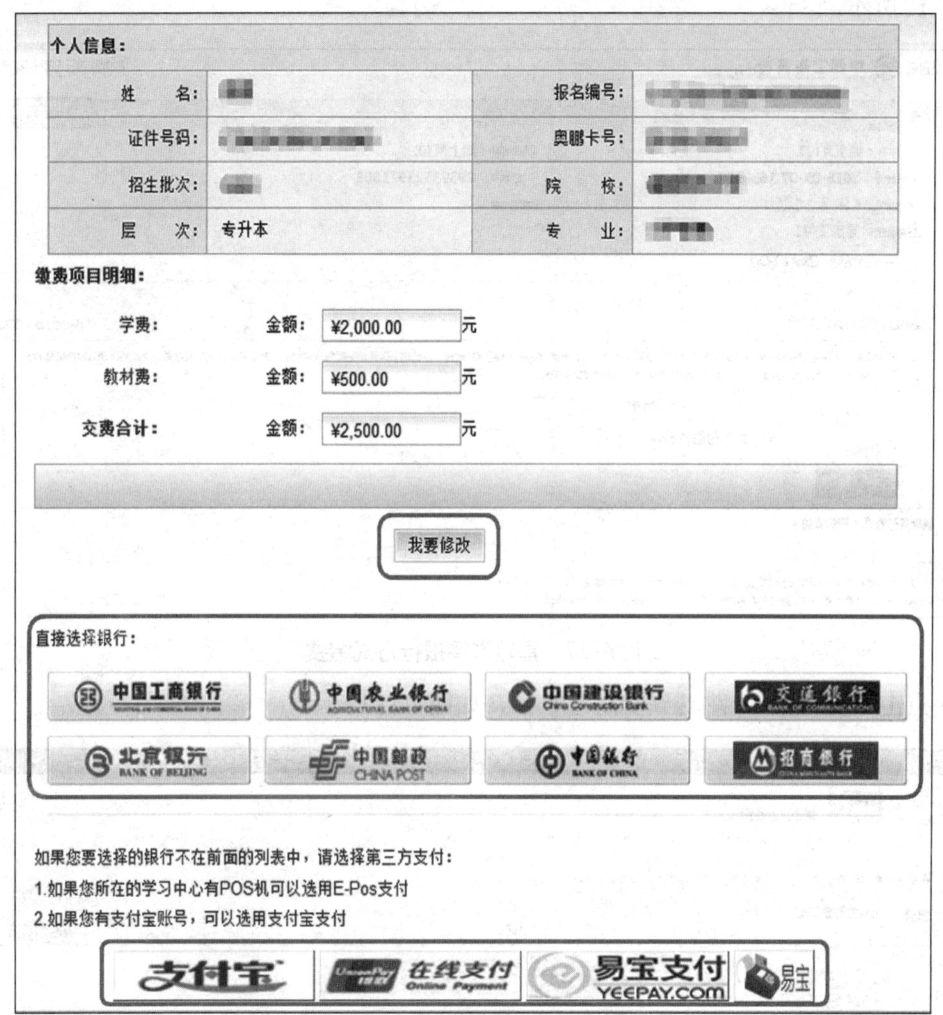

图4-16　核对确认缴费信息

特别说明：

•“直接选择银行”中，中国工商银行、中国农业银行、中国建设银行、交通银行、北京银行、中国银行和招商银行共7家银行是由易宝支付提供的网银跳转服务，如有缴费异常问题，请拨打易宝支付服务热线400-150-0800；中国邮政是由支付宝提供的网银跳转服务，如有缴费异常问题，请拨打支付宝服务热线95188。此外，您也可拨打奥鹏教育24小时服务热线400-810-6736反馈问题。

•“易宝POS”是由易宝支付提供的网银刷卡服务，既可以刷磁条银行卡，也可以刷

芯片银行卡。如您所在学习中心安装有易宝POS机，可以选用易宝POS刷卡缴费。

③ 选择缴费的支付方式后，系统自动链接到支付宝、银联在线支付或易宝支付的平台，选择您要付款的银行。

• 点击“直接选择银行”，跳转到您所选择的银行登录界面，以中国工商银行为例，如图4-17所示。

图4-17　直接选择银行方式缴费

• 点击“支付宝”，跳转到支付宝平台，如图4-18所示。

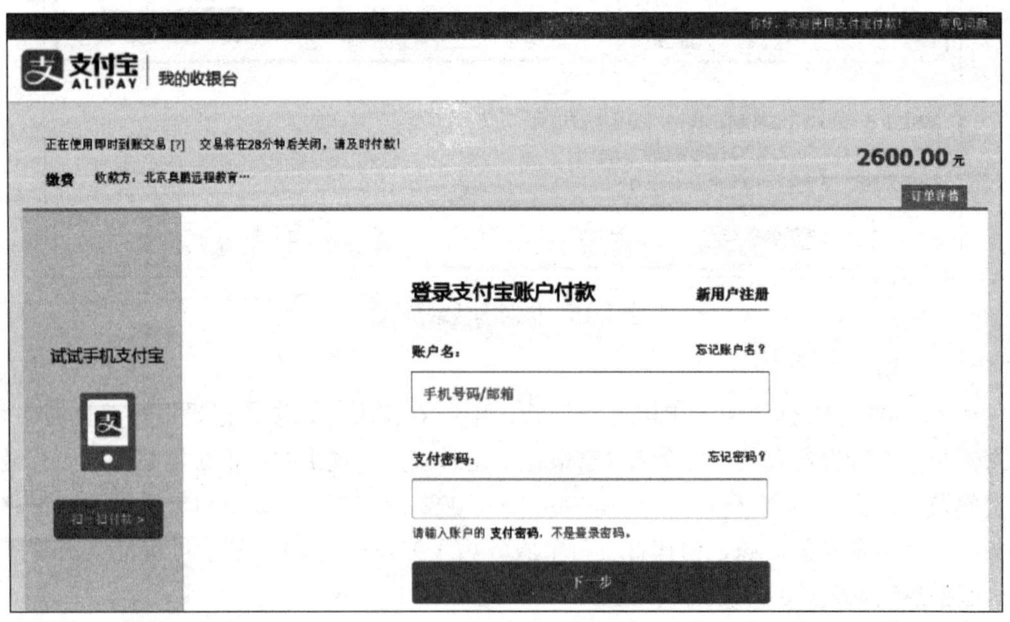

图4-18　支付宝平台缴费

• 点击“在线支付”，即跳转到银联电子支付平台，除个人网银方式外，还可选择企业账户对公网银方式，如图4-19所示。重要提示：此处的电子订单号可用于查询所缴费用是否到账，请务必牢记。

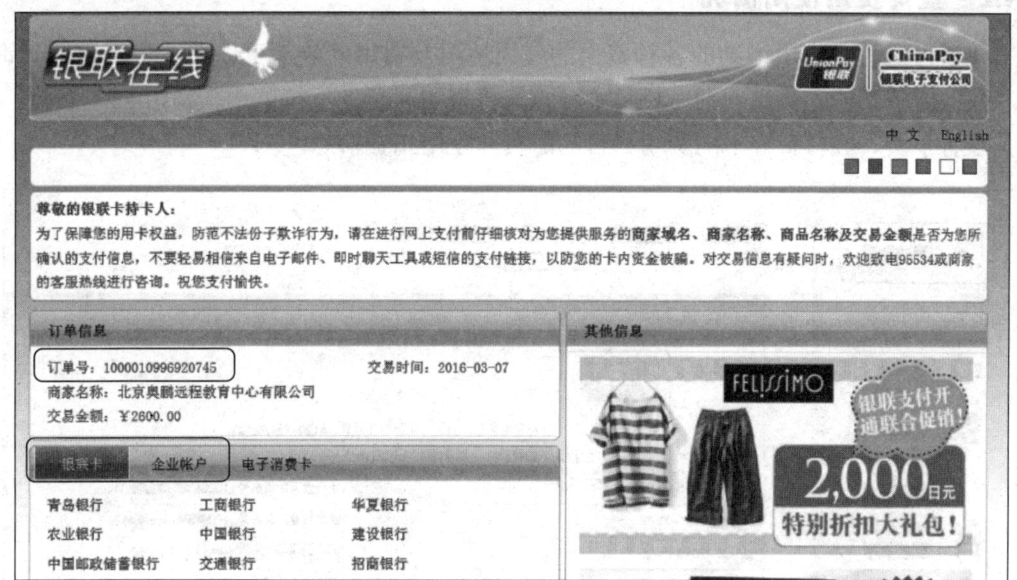

图4-19 银联电子支付平台缴费

• 点击“易宝支付”，即跳转到易宝支付平台，如图4-20所示。

图4-20 易宝支付平台缴费

④ 按平台提示步骤完成缴费操作，付款成功后，请记录您支付宝、银联电子支付或易宝支付平台生成的“订单号”备查。

4.4.2 查询费用使用情况

在学习过程中您所缴纳的各种费用的使用情况及费用余额都可以在学生平台上查询，在“我的缴费”的“费用明细”栏目中，点选“费用科目”下拉菜单，如图4-21所示，可选择查看学费、教材费等不同费用科目的缴费和使用扣费信息。

图4-21　费用明细

费用明细表中记录了您整个学习过程中各种费用的缴纳和使用情况，因此在每次完成缴费、选课、订购教材、预约考试等所有与费用有关的操作后，建议您用此查询功能确认费用账户收支是否正常，如有疑问应及时与所在学习中心老师联系或拨打奥鹏教育服务热线咨询。

4.4.3 鹏友贷

为帮助部分经济困难的学员减轻学费压力，奥鹏教育推出国内在线教育领域首家小额贷款项目——在线教育助学贷款平台“鹏友贷”，面向奥鹏教育在籍学生提供学历教育学费分期贷款服务，无需任何抵押和担保，在线申请审批，方便快捷，所贷款项直接拨付学费账户。

4.4.3.1 如何贷款

如您需要申请学费贷款，可登录学生平台“我的缴费”栏目，点击“学费分期”标签（图4-21），跳转至鹏友贷平台。在鹏友贷首页（图4-22），申请贷款前，应认真查看页面左下角的《鹏友贷学费分期服务协议》，详细了解贷款与还款的各项规定与说明。如您确定申请贷款，点击“快来申请吧”按钮进入学费贷款操作页面。

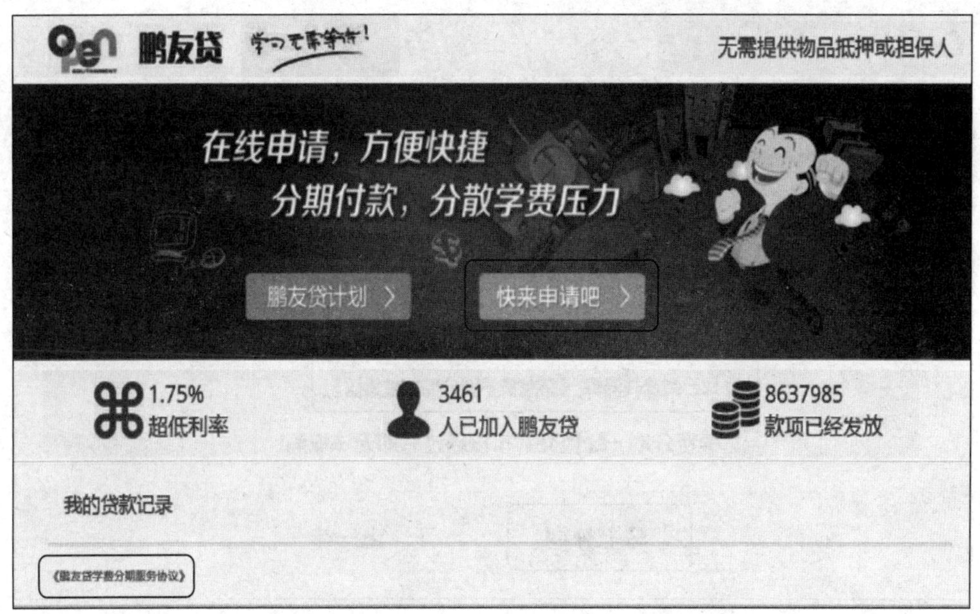

图4-22　鹏友贷首页

进入鹏友贷申请流程后，首先填写个人基本信息，如图4-23所示。

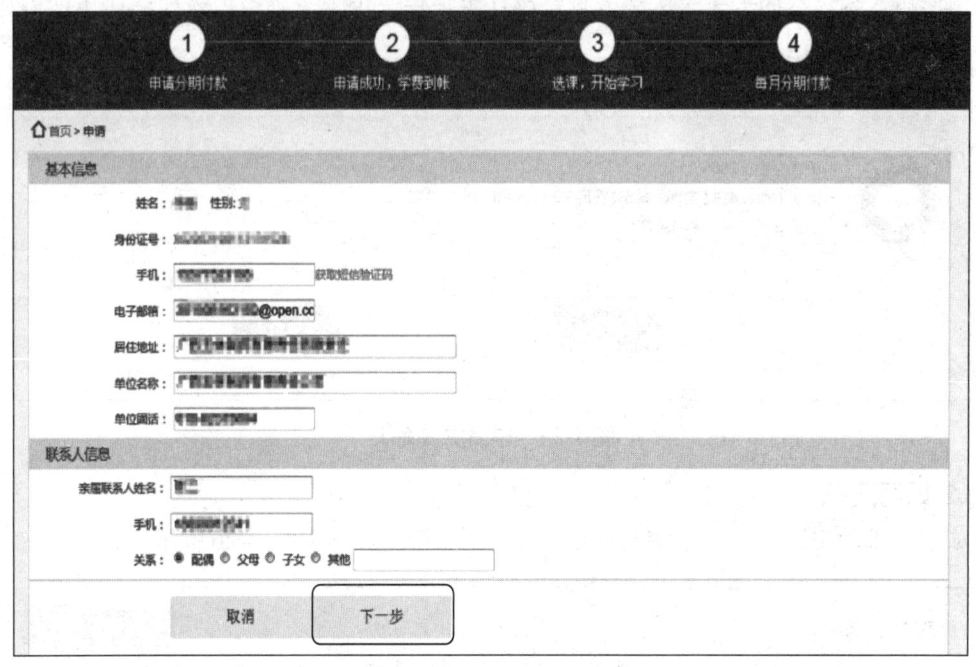

图4-23　鹏友贷填写基本信息

真实准确地填写个人信息后，点击“下一步”进入贷款信息页面，如图4-24所示，填选贷款金额、分期期数以及还款方式，勾选“我已阅读并同意《鹏友贷学费分期服务协议》”，点击“马上分期”按钮，完成贷款选择。

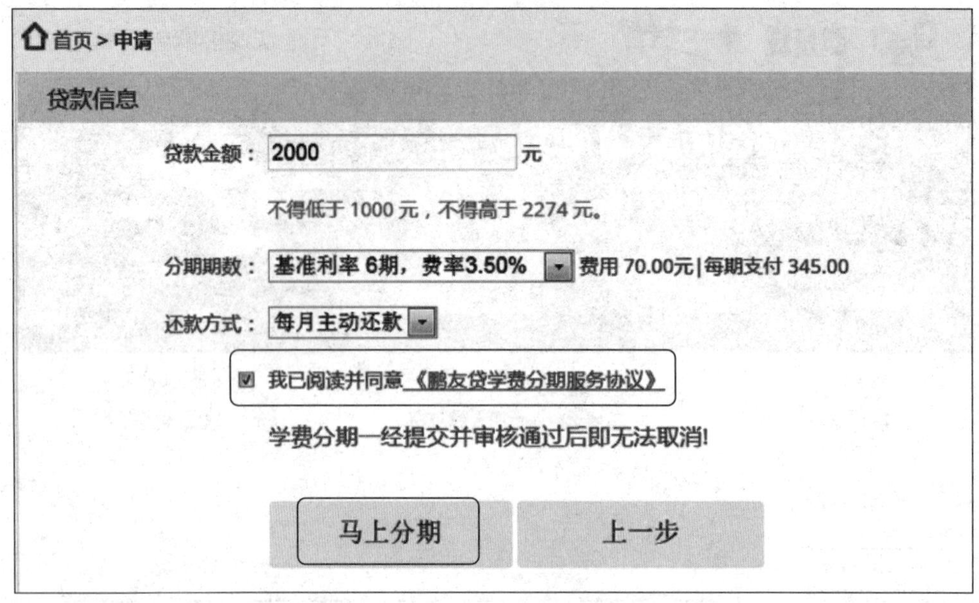

图4-24　填写贷款信息

鹏友贷申请操作完成后，页面再次弹出申请贷款确认信息，如图4-25所示，请您认真核对申请的金额、分期方式、还款方式，确认无误后，点击“确定”按钮完成申请操作。

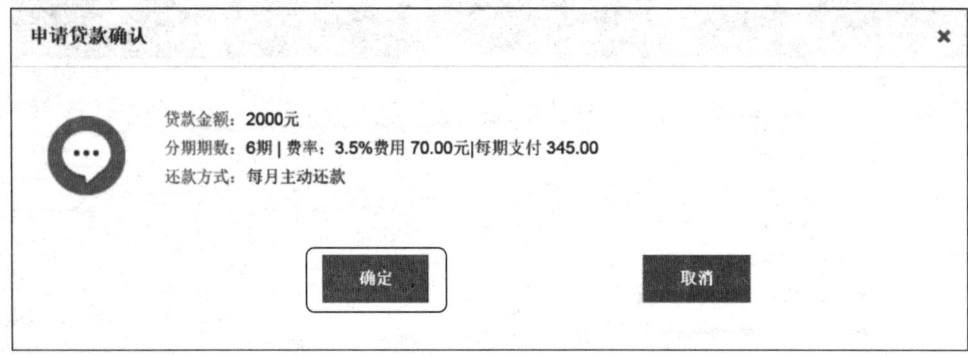

图4-25　申请贷款确认

4.4.3.2 如何还款

如您曾成功申请贷款，在鹏友贷首页可查看贷款记录，如图4-26所示。

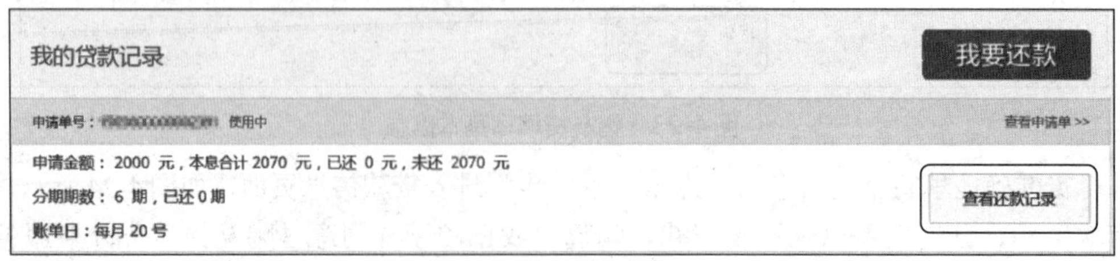

图4-26　贷款记录

在贷款记录页面点选“我要还款”按钮，可进行最近一个分期的单笔快速还款，如图4-27所示。

图4-27 快速还款

也可在贷款记录页面点选“查看还款记录”按钮，查看贷款的详细分期和还款记录，如图4-28所示，以及对应的“应还日期”“应还金额”和“还款状态”，点击“还款”按钮。

首页 > 查看还款记录

贷款申请单号：　　状态：使用中

申请时间：2016/3/8 21:31:27

审核时间：2016/3/8 21:31:27　　审核意见：验证通过，自动审核

期数	应还日期	应还金额	还款状态	还款时间	备注
1	2016-04-20	¥345=本息345	未还	还款	
2	2016-05-20	¥345=本息345	未还	还款	
3	2016-06-20	¥345=本息345	未还	还款	
4	2016-07-20	¥345=本息345	未还	还款	
5	2016-08-20	¥345=本息345	未还	还款	
6	2016-09-20	¥345=本息345	未还	还款	

返回

图4-28 查看还款记录

在快速还款页面点击“立即还款”按钮，或在查看还款记录页面点击“还款”按钮，均跳转至支付页面，如图4-29所示，可选择您方便的还款方式，按系统提示完成还款支付操作即可。

选择支付方式：

第三方支付
手机等大额支付推荐使用支付宝快捷支付
在线支付 Online Payment
支付宝

快捷支付
无需网银快捷支付
招商银行 CHINA MERCHANTS BANK
广发银行CGB
中国建设银行 China Construction Bank
中国工商银行
交通银行 BANK OF COMMUNICATIONS
平安银行 PING AN BANK
中国银行 BANK OF CHINA
浦发银行 SPD BANK
更多银行

银行网银
支持以下各银行借记卡及信用卡
查看支付限额
中国建设银行 China Construction Bank
招商银行 CHINA MERCHANTS BANK
中国工商银行
中国农业银行 AGRICULTURAL BANK OF CHINA
交通银行 BANK OF COMMUNICATIONS
广发银行CGB
中国银行 BANK OF CHINA
中国民生银行
更多银行

信用卡分期付款
支持部分银行信用卡分期付款
在线支付 Online Payment 分期
目前银联分期支持 工商银行、建设银行、广发银行、民生银行、华夏银行、兴业银行、
光大银行、邮政储蓄、中国银行、浦发银行、北京银行 的信用卡分期支付。
[提示：由于各银行分期付款手续费不定时调整，实收分期付款手续费请以银行账单为准]

下一步

图4-29　选择还款支付方式

奥鹏教育会按还款期发送短信提醒，请及时关注并按时足额完成还款操作，避免对您在中国人民银行征信中心的个人信用产生不良影响。

4.5 如何选课

根据院校教学安排，每年一般进行两次选课。课程选修应按照所在层次、专业的教学计划要求，结合参考学习计划提供的分学期进度进行。建议您关注学生平台发布的学期开学准备工作的通知公告，在选课开始前缴足当学期所需费用。

4.5.1 查询教学计划

“教学计划”一般称为教学执行计划，是高校根据专业培养目标制定的某个批次、层次及专业所有课程设置的整体规划，它包含了课程、学分等内容。您可以通过教学计划了解所有课程设置的整体规划，同时，您所在的学习中心也会根据教学计划制订学生学习支持服务的工作计划。

在学生平台左侧学习环节中点击“我的学习”，如图4-30所示，可查看教学计划的两个组成部分，分别为“教学计划学分要求”和“教学计划包含课程”，包括您完成学业所需达到的各项学分要求及课程信息。

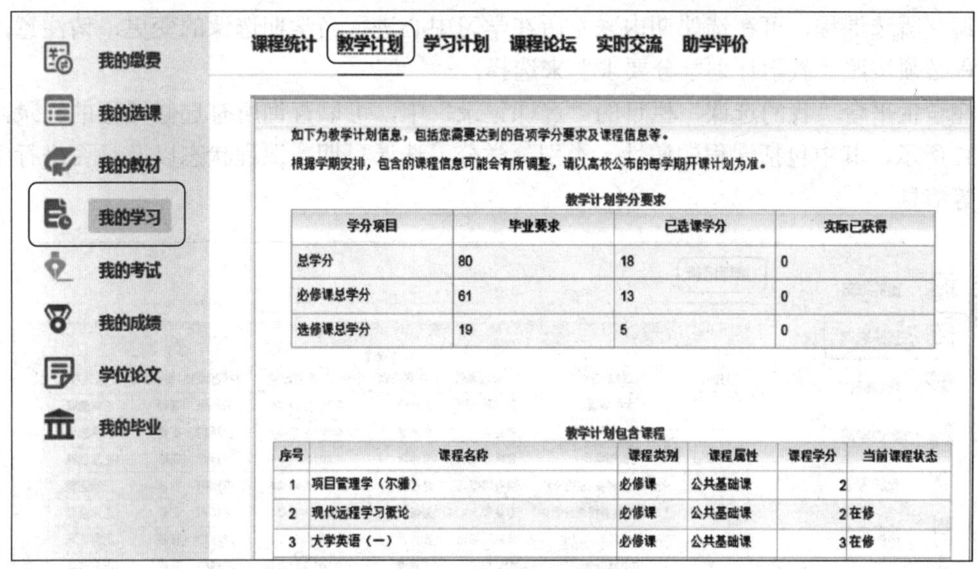

教学计划学分要求

学分项目	毕业要求	已选课学分	实际已获得
总学分	80	18	0
必修课总学分	61	13	0
选修课总学分	19	5	0

教学计划包含课程

序号	课程名称	课程类别	课程属性	课程学分	当前课程状态
1	项目管理学（尔雅）	必修课	公共基础课	2	
2	现代远程学习概论	必修课	公共基础课	2	在修
3	大学英语（一）	必修课	公共基础课	3	在修

图4-30　教学计划

4.5.2　查询学习计划

学习计划是在教学计划的基础上，按照课程学习的逻辑顺序，以最短学习期限来制定的分学期的课程安排指导方案，建议学生参考此计划安排个人学习进度。在学生平台“我的学习”中可查看您的“学习计划”，如图4-31所示，其中包括选课和修课的关键信息，如课程类型、缴费选课时间、平时成绩比重、考试时间、考试方式等。

序号	课程名称	学期	课程类型	学分	建议选修	缴费选课时间	平时成绩比重	当前考试形式	考试预约时间	考试时间
1	现代远程学习概论	—	必修课	2		2015年7月-2015年11月	100%	作业考核（线上）	2016年1月-2016年1月	2016年2月-2016年2月
2	大学英语（一）	—		3		2015年7月-2015年11月	30%	作业考核（线上）	2016年1月-2016年1月	2016年2月-2016年2月
3	政治经济学	—		4		2015年7月-2015年11月	30%	开卷	2016年1月-2016年1月	2016年2月-2016年2月
4	初级微观经济学	—		4		2015年7月-2015年11月	30%	开卷	2016年1月-2016年1月	2016年2月-2016年2月

图4-31　学习计划

4.5.3　选课记录

全面了解教学计划和学习计划后，就可以进行网上选课了。为方便学生，奥鹏教育一般会根据学习计划，在每个学期开学前为学费账户有余额的学生进行系统自动选课。如您需要调整所选课程，可在选课期内联系所在学习中心进行当学期选课的变更，请注意，调整课程必须按照“教学计划学分要求”来选择。

在学生平台“我的选课”栏目的“选课记录”中，可以查询所有选修课程的记录，如图4-32所示，其中包括课程的属性、类别、学分、选课日期、课程状态以及是否进行考试预约等信息。

在修课程

序号	课程名称	课程属性	课程类别	学分	选课日期	考试预约	课程状态	选课方式
1	大学英语2	公共基础课	必修课	3	2015-11-24	未预约	在修	正常选课
2	高级财务会计	专业课	必修课	5	2015-11-24	已预约	在修	正常选课
3	管理学B	公共基础课	必修课	4	2015-11-24	未预约	在修	正常选课
4	计算机应用基础(统考)	统考课程	必修课	3	2015-11-24	未预约	在修	正常选课
5	上市公司财务报表分析B	专业课	必修课	3	2015-11-24	未预约	在修	正常选课
6	现代远程学习概论	公共选修课	选修课	0	2015-11-24	未预约	在修	正常选课
7	中级财务会计	学位课	必修课	6	2015-11-24	已预约	在修	正常选课
合计				24				

图4-32　选课记录查询

4.6 订购教材

学生平台“我的教材”栏目提供纸质教材、电子教材、电子辅导资料的订购和查询功能，订购前应确认教材费是否充足。

4.6.1 查询教材信息

您可以通过学生平台“我的教材”中的“教材信息”栏目，如图4-33所示，了解已选修课程对应使用的纸质教材的书名和作者，确定您的教材订购需求。

我的缴费　我的选课　我的教材　我的学习　我的考试　我的统考　我的成绩　我的论文

教材信息　电子教材　地址设置　个人征订　我的征订单

如下为您所选课程对应的教材信息

序号	课程名称	课程类别	奥鹏内部编码	书名	作者
1	大学英语（2）	必修课	SP005980	当代大学英语 综合英语 第1级	顾曰国
2	网络学习指南（2）	必修课			
3	微观经济学	必修课	SP004457-02	经济学（第二版）（附操作与习题手册）	张维
4	线性代数	必修课	SP006896	线性代数简明教程	杨萌华
5	大学英语（3）	必修课	SP007071	当代大学英语 综合英语 第2级	顾曰国
6	计算机文化基础（经管）	必修课	SP008017-02	计算机应用基础	刘瑞新
7	公司财务管理	必修课	SP004698-03	财务管理学（第三版）	孙茂竹 范歆
8	公司财务管理	必修课	SP012951	财务管理学（第三版）	孙茂竹 范歆
9	宏观经济学	必修课			

图4-33　教材信息

4.6.2 教材配送地址设置

一般情况下，学生订购的纸质教材统一配送到学习中心，由学习中心负责发放和登记，因此学生平台的教材配送地址信息默认为学习中心地址。如您希望通过学生平台自主订购教材，并将教材直接配送到个人地址，则需要在订购前联系所在学习中心，为您开通学生平台的“地址设置”功能，如图4-34所示，认真完整填写详细的地址信息和联系电话，是确保教材准确寄达的先决条件。

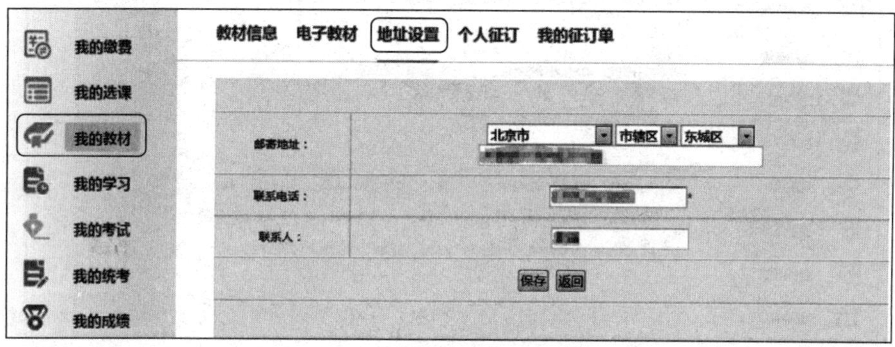

图4-34 教材配送地址设置

4.6.3 教材征订

您可登录学生平台“我的教材”中的“个人征订”栏目自行订购教材，如图4-35所示，在课程对应的教材征订列进行勾选，点击“保存并提交”按钮即完成订购操作。

注意：订购前请先确认教材费余额是否满足本学期订购教材的总费用，如金额不足请先进行教材续费（交费操作详见4.4节的相关内容）。保存提交教材订单前，请再次核对确认您的送货地址，以便教材能够准确寄达。

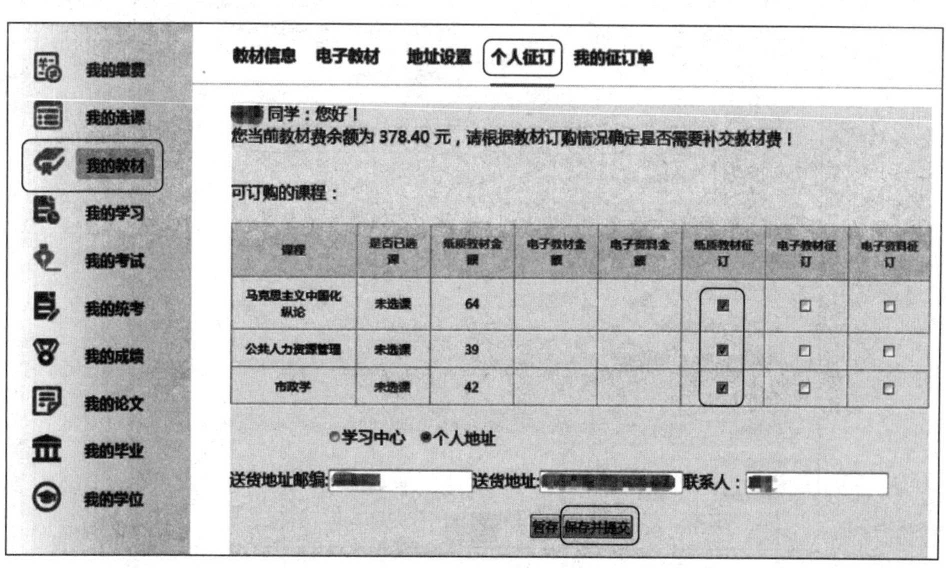

课程	是否已选课	纸质教材金额	电子教材金额	电子资料金额	纸质教材征订	电子教材征订	电子资料征订
马克思主义中国化纵论	未选课	64			☑	☐	☐
公共人力资源管理	未选课	39			☑	☐	☐
市政学	未选课	42			☑	☐	☐

图4-35 个人征订

4.6.4　教材征订单查询

学生平台将学生在同一时间订购的所有教材信息自动生成一个电子单据，称为征订单。您可以在学生平台“我的教材”栏目中，点击查看“我的征订单”相关的所有记录，也可在此查询对应的物流配送信息，如图4-36所示，点击操作栏中的“详情”，可查看征订单详细信息。

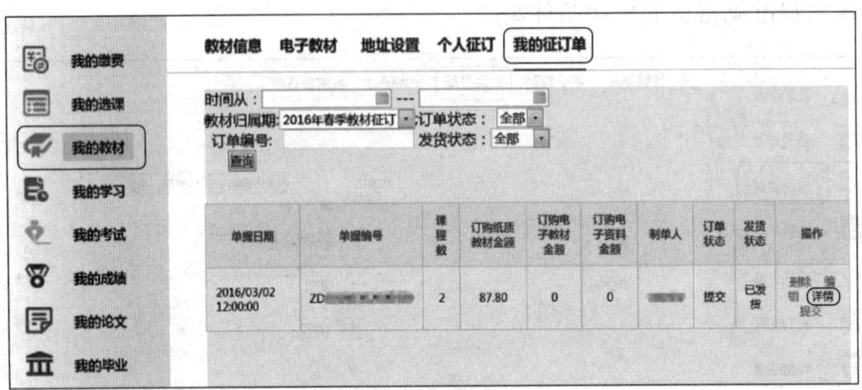

图4-36　征订单查询

在征订单详细信息页面，如图4-37所示，可查看到教材订单的发货状态、物流公司、货运单号以及订单中包含的具体教材等信息，还可以点击“查询物流详细”了解征订单最新的物流状态。

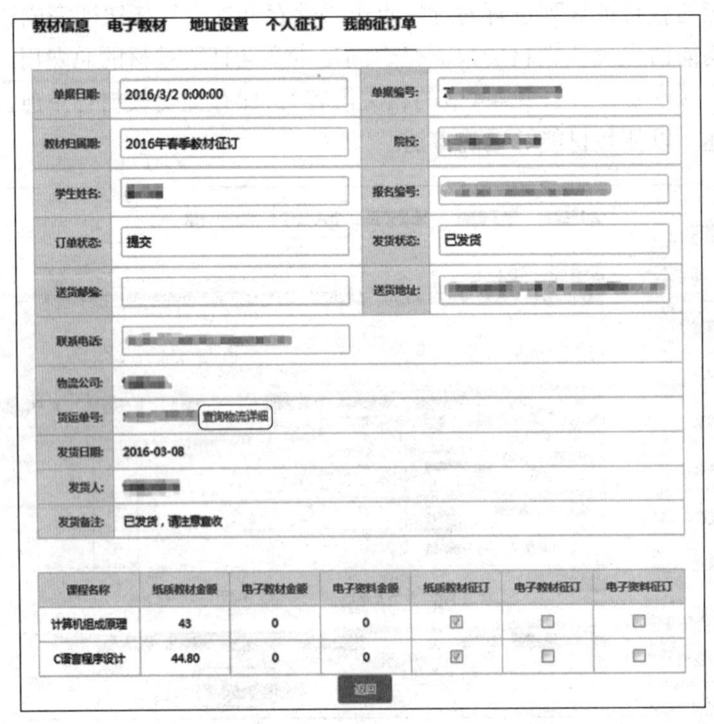

图4-37　征订单详细信息

4.6.5 电子教材和电子辅导资料浏览方法

电子教材和电子辅导资料需要下载客户端软件后，通过移动设备或计算机浏览。

4.6.5.1 安装客户端

学生平台“我的教材”中的“电子教材”栏目为您提供了电子教材和电子辅导资料的阅览方法说明和注意事项提醒，如图4-38所示，您可根据个人条件和阅览习惯，使用手机、Pad等移动设备查看教材资料，也可在计算机上使用“奥鹏书房”客户端查看。

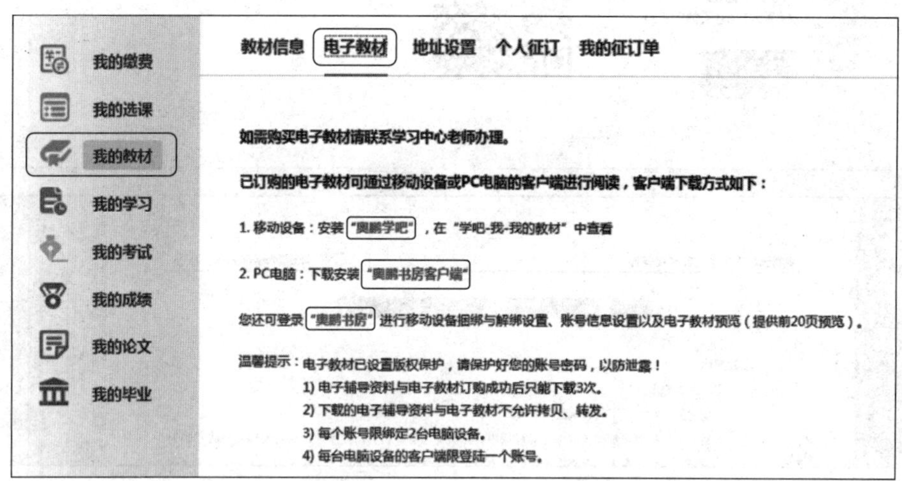

图4-38 电子教材

4.6.5.2 在计算机上使用奥鹏书房浏览

在计算机上您可以通过浏览器登录“奥鹏书房”预览教材资料或进行设备捆绑或解绑等设置，也可以下载“奥鹏书房”客户端阅览教材资料。

阅览已订购的电子教材或电子辅导资料时，首先使用您注册的学生平台用户名和密码登录奥鹏书房客户端，点击顶端一级菜单中的“奥鹏书房”，如图4-39所示，点击二级菜单中的“我的书房”，查看教材和资料信息。

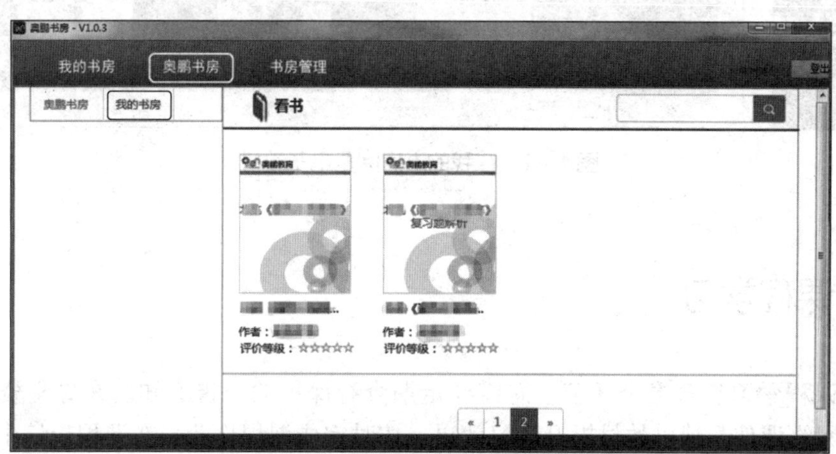

图4-39 在奥鹏书房查找电子教材

点选您需要阅览的教材或资料，进入资源详情页面，如图4-40所示，将资源“下载”到计算机中。

图4-40　下载电子教材

点击一级菜单的“我的书房”栏目，如图4-41所示，点击您订购的电子教材或电子辅导资料，即可阅览资源的全部内容。

图4-41　在我的书房阅览电子教材

4.7 课程学习

网上课程学习包含多个环节，您需要定期查看课程的公告通知，在导学资料的帮助下，学习网络课件，辅以教材提升学习效果，按时完成课程作业，在课程论坛中与辅导老师和同学们交流遇到的疑难问题，最后参加并通过课程考核，获得课程学分。

4.7.1 进入网上课程

在学生平台首页的助学信息功能区，如图4-42所示，课程按其状态分为“在修课程”、“已修完课程”和“修完未通过课程”三类提供“课程列表”链接。

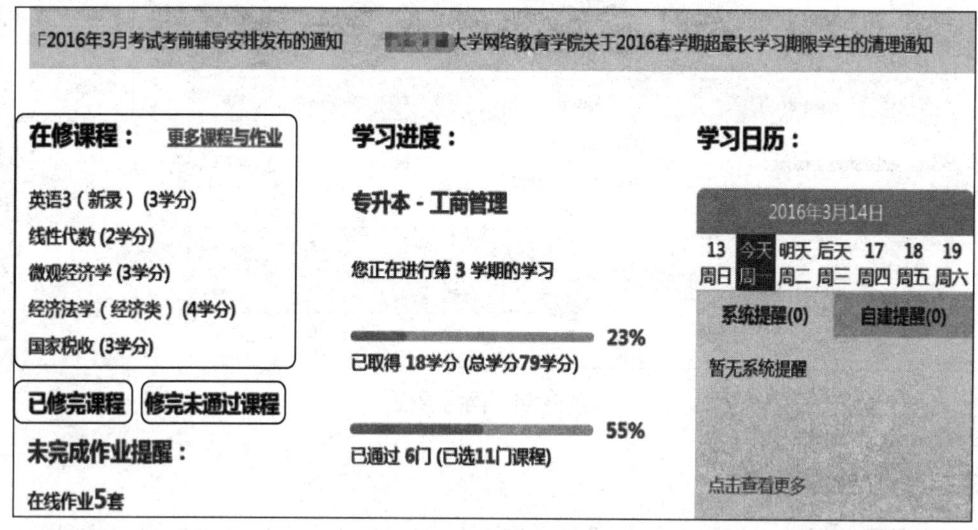

图4-42 学生平台首页助学信息功能区

点击链接进入“课程列表”页面，如图4-43所示，其中“在修课程”列出您当前选修正在学习的所有课程，在“操作”列提供了网络课程5个功能模块（做作业、课程公告、导学资料、课件浏览、课程论坛）的快捷链接。

在修课程 已修完课程 已修完未通过课程

课程	学分	操作
英语3（新录）	3	做作业 课程公告 导学资料 课件浏览 课程论坛
线性代数	2	做作业 课程公告 导学资料 课件浏览 课程论坛
微观经济学	3	做作业 课程公告 导学资料 课件浏览 课程论坛
经济法学（经济类）	4	做作业 课程公告 导学资料 课件浏览 课程论坛
国家税收	3	做作业 课程公告 导学资料 课件浏览 课程论坛

图4-43 课程列表

您也可以在学生平台首页助学信息功能区，如图4-42所示，点击单门在修课程的快捷链接，直接进入这门网络课程，如图4-44所示。当您需要另外学习其他课程时，可点击“返回课程列表”，或在网络课程页面右侧浮动的“我的课程”列表中直接点选其他课程的链接。

图4-44 网络课程

4.7.2 查看导学资料

网络课程的“导学资料”栏目提供了开篇导学、章节导学以及考前复习指导等内容，如图4-45所示，您可以在此了解课程的教学目标、基本任务和要求、关键知识点、学习方法以及辅助资源等重要信息。

做作业 课程公告 导学资料 课件浏览 课程论坛

查看近期作业成绩 返回课程列表

微观经济学

主题	开始时间	截止时间
2016年3月考试《微观经济学》考前复习题	2016-02-26 00:00:00	2016-06-26 00:00:00
《微观经济学》第十二、十三章 拓展资源	2010-02-23 00:00:00	2020-03-31 11:56:48
《微观经济学》第十一章 拓展资源	2010-02-23 00:00:00	2020-03-31 11:56:48
《微观经济学》第九、十章 拓展资源	2010-01-29 00:00:00	2020-03-31 11:56:48

图4-45 导学资料

4.7.3 查看课程公告

网络课程的“课程公告”栏目主要发布作业布置情况、考前辅导安排等重要教学通知，如图4-46所示，建议您定期查看。

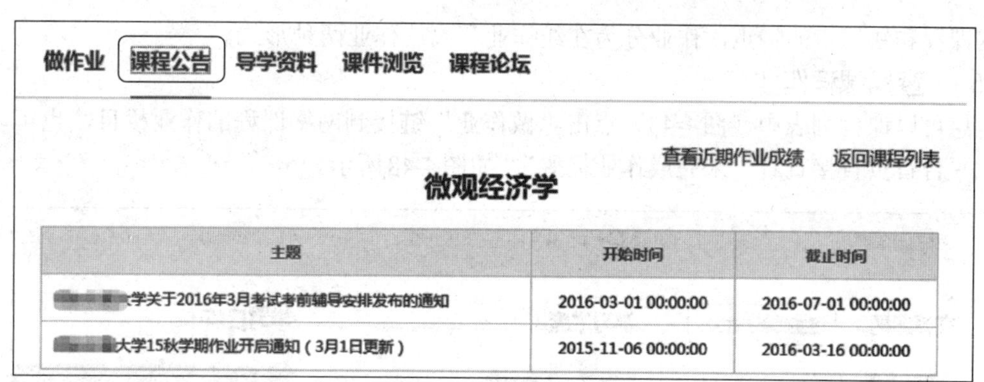

图4-46　课程公告

4.7.4　浏览网络课件

浏览课件是网络课程学习的主要方式，建议您在正式开始学习前，首先掌握课件的结构、内容及使用方法，了解课程的主要知识点、难易程度、涉及的习题、有无特殊要求（如演示实验等）等，尤其对自己不懂的地方要做好记录。充分的课前预习和准备，能够使您的网络学习有更好的学习效率和学习效果。

在课程列表中点击网络课程的“课件浏览”栏目（图4-43），进入多媒体课件，如图4-47所示。课件主要包含文本、图形、音视频等资源内容，其中音视频资源的阅览需要您的计算机安装有相应的播放器，例如Windows Media Player、Realplayer等。

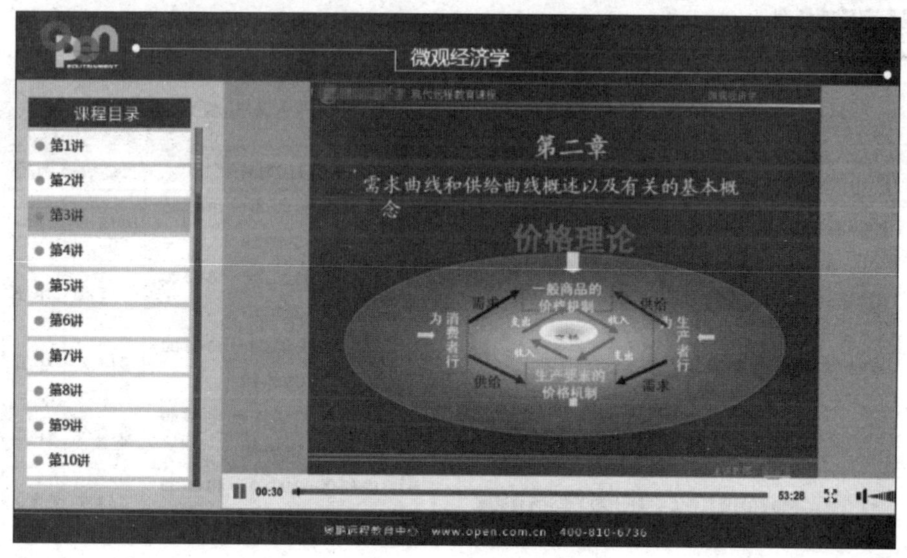

图4-47　课件浏览

4.7.5　提交课程作业

课程作业是检验远程学习效果的重要环节。依据教学计划要求，为帮助学生通过练习巩固学习内容，自我检查学习效果，在课程讲授过程中，老师会布置一套或多套的作业。

根据课程和知识点的特点，作业分为在线作业和离线作业两种形式。

4.7.5.1 查找课程作业

您可以课程列表中（图4-43）点击“做作业”链接到网络课程的作业栏目，也可以在学生平台首页直接查看“未完成作业提醒”，如图4-48所示。

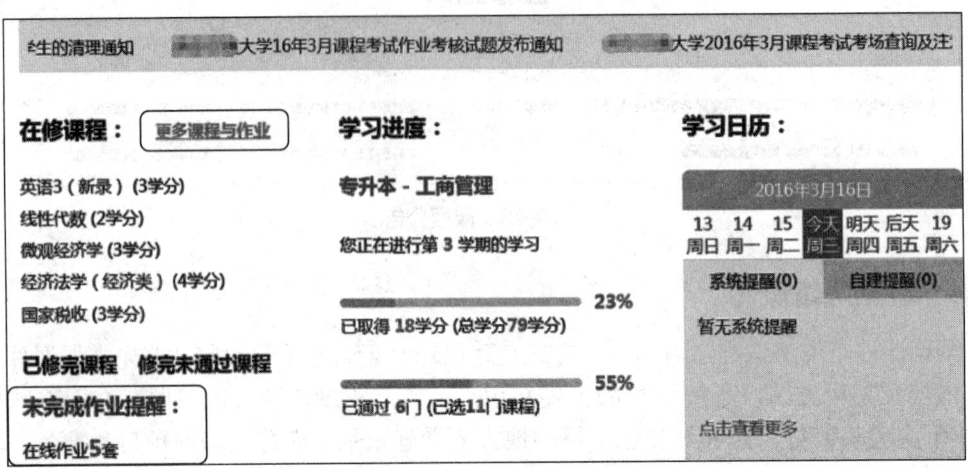

图4-48 学生平台首页查找课程作业

在“未完成作业提醒”中可以点击系统提示的未完成作业数量，便捷地查询未完成作业列表，如图4-49所示，还可了解作业的提交截止时间。

我未完成的作业

提示：作业成绩不满意，需再次提交的学生，如有提交机会，请进入课程--我的作业，完成提交

在线作业名称	起止时间	提交次数	做作业
《微观经济学》在线作业	15-11-06 00:00:00 ~ 16-03-30 23:59:59	0 / 5 次	做作业
《经济法学（经济类）》在线作业	15-11-06 00:00:00 ~ 16-03-30 23:59:59	0 / 5 次	做作业
16年3月课程考试《国家税收》作业考核试题	16-02-02 00:00:00 ~ 16-03-30 23:59:59	0 / 1 次	做作业
《英语3（新录）》在线作业	15-11-06 00:00:00 ~ 16-03-30 23:59:59	0 / 5 次	做作业
16年3月课程考试《线性代数》作业考核试题	16-02-02 00:00:00 ~ 16-03-30 23:59:59	0 / 1 次	做作业

图4-49 未完成作业列表

4.7.5.2 如何提交在线作业

在线作业的题型一般包括单选、多选、判断、完型填空、简答、论述等，其中的客观题答题结果由系统自动批阅并即时反馈成绩，主观题由课程辅导老师批阅后给出成绩。

在学生平台网络课程的“做作业”栏目，您可以查看“在线作业”列表，如图4-50所示，点击每套作业对应的“做作业”链接，跳转到作业页面。同时，您还可以在此“查看近期作业成绩”以及某套作业的“历史记录”，如对成绩不满意，可以重新“做作业”。

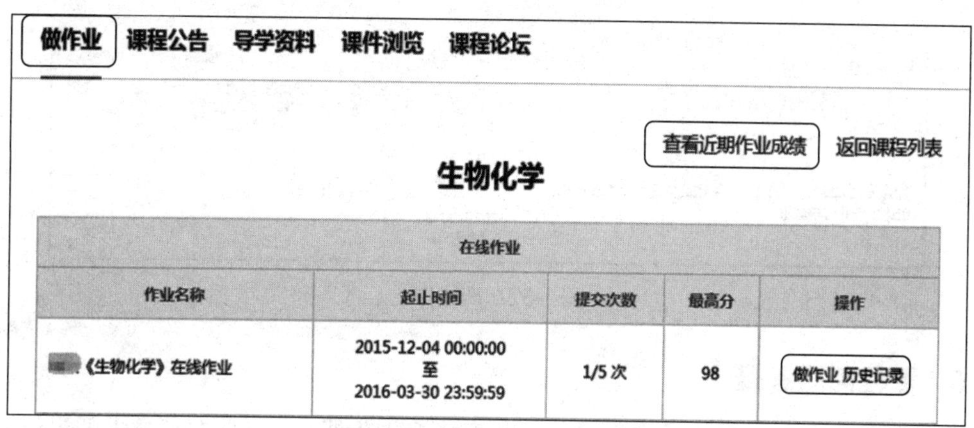

图4-50　在线作业

点击在线作业的“做作业”链接，进入在线作业答题页面，如图4-51所示，可点击标签切换题型作答界面，选择或填入您认为正确的答案，完成各类题型题目的选填后，点击作业页面最下方的“交卷”按钮提交您的作答。

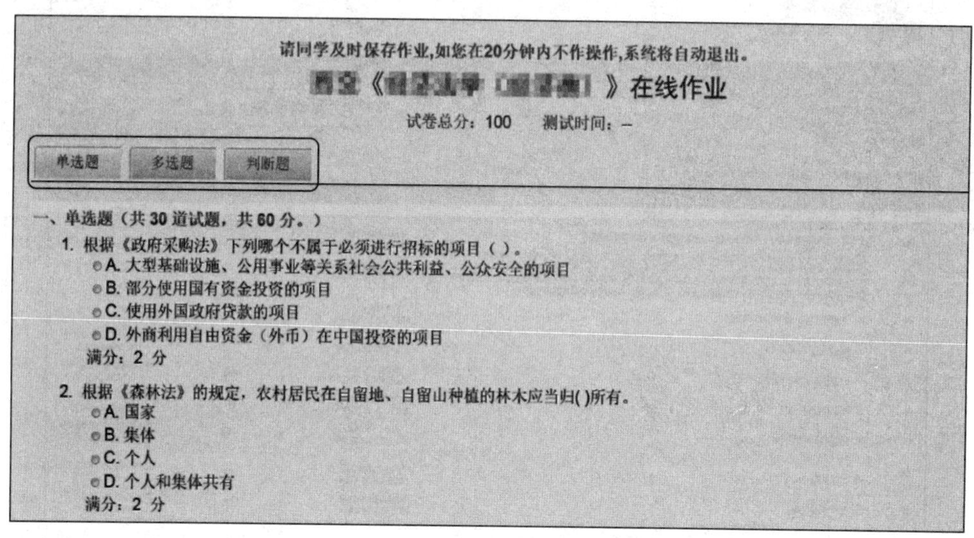

图4-51　在线作业答题页面

如果您还需对选填答案进行检查和校对，可以点击作业页面最下方的“保存”按钮，学习平台会保存你当时提交的答案，但不会进行批阅。您可在下次重新进入做题，完成答案后点击“交卷”按钮；如果不想交卷，也不想保存已做的答案，可以点击“退出”按钮，系统视为放弃交卷，但保留下一次重新做题的机会。

4.7.5.3　如何提交离线作业

离线作业一般为主观题，需要您根据课程的作业要求，在规定时间内下载、作答和提交。在课程的离线作业列表中，如图4-52所示，点击“下载”将作业要求下载到本地电脑中，完成作业后，再通过“上交”功能按时提交作业。辅导教师会按照教学要求批阅离线作业，您可以在离线作业列表中查询评定的成绩。

离线作业						
作业名称	起止时间	作业	提交日期	成绩	已上交作业	操作
[illegible]《邓小平理论与三个代表重要思想概论》作业考核试题	2016-01-11 00:00:00 至 2016-03-23 23:59:59	下载				上交

图4-52　离线作业

4.7.6　课程问题答疑

您在课程学习中遇到的疑难问题，可以随时通过“课程论坛”向辅导老师提问请教，也可以参加院校组织的在线实时答疑获得帮助。

在网络课程页面中，如图4-44所示，点击登录“课程论坛”，您可以在论坛中提问、参与问题讨论等互动交流，如图4-53所示。

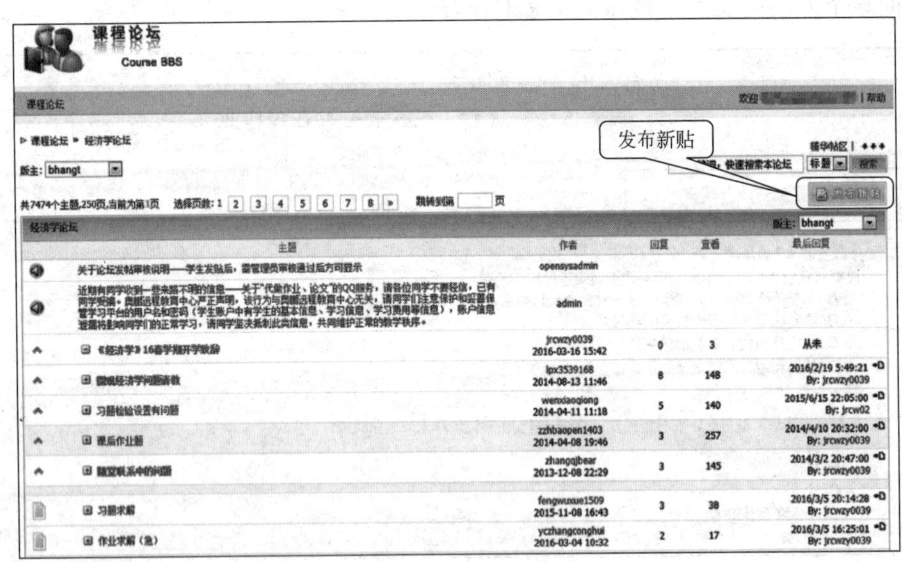

图4-53　课程论坛

4.8　课程考试

课程考试是学习过程中的重要环节，是检验学习成果的重要方式，一般包括集中考试、作业考核、课程报告等形式。

4.8.1 查看考试预约信息

考试预约期内，您可以在学生平台“我的考试”中查看当前的“考试预约”安排，如图4-54所示，了解考试科目、考试形式、考试日期等信息。如您有特殊情况不能参加此次考试，应及时联系所在学习中心调整考试预约安排。

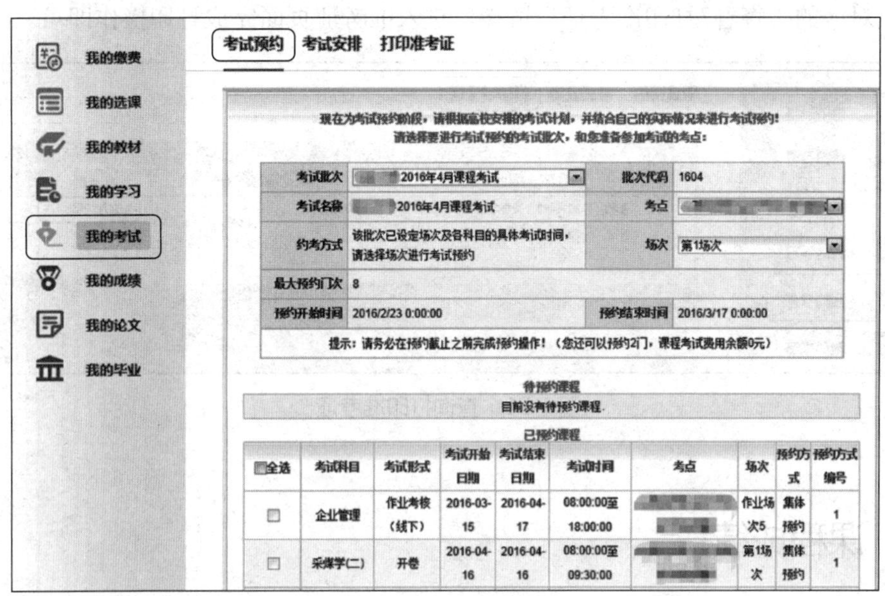

图4-54 考试预约

4.8.2 查看考试安排

一般在考前2周左右，学生平台“我的考试”栏目发布“考试安排”，如图4-55所示，您可以查询了解每个考试科目的具体考试时间、考试形式、考场序号及座次号等重要信息，做好参加考试的准备。

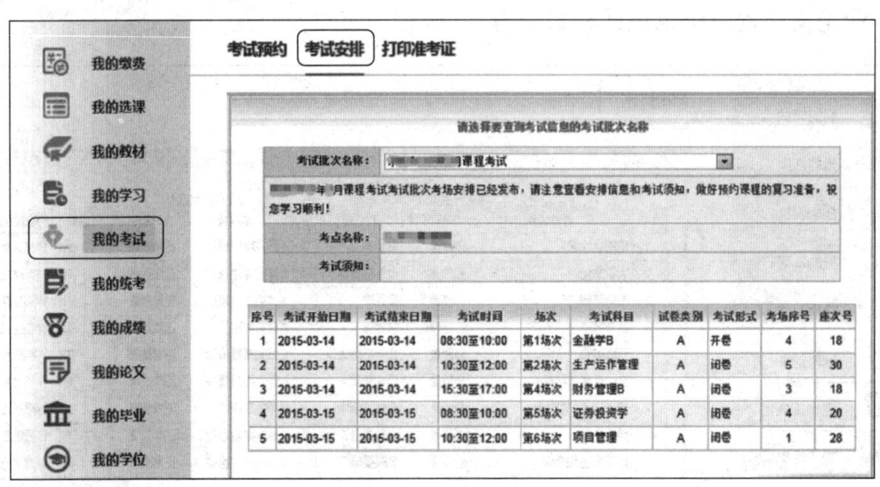

图4-55 考试安排

4.8.3 打印准考证

除了携带有效证件参加课程考试，您还需自行打印和携带准考证。请关注学生平台“课程考试考场查询及注意事项”的通知公告，及时在“我的考试”栏目的“打印准考证”功能中，查看打印时间提示，如图4-56所示，从打印开始时间起到考试前，您可点击当前课程考试对应的“查看/打印准考证”链接，进入准考证页面完成打印操作即可。

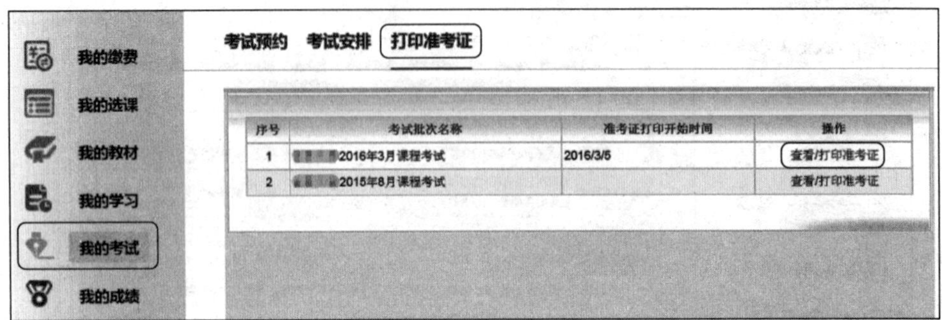

图4-56 查询打印准考证

4.9 课程成绩

课程总评成绩一般是由平时成绩和考试成绩按照一定比例共同组成，其中平时成绩一般由作业成绩、学习积分、实践或其他成绩组成。

4.9.1 查询成绩信息

课程考试成绩发布后，您可登录学生平台“我的成绩”栏目查看“成绩信息”，如图4-57所示，课程的“总成绩”即为课程总评成绩。点击“详细信息”可以查看成绩的统计明细，毕业论文课程成绩也在此栏目查看。

我的缴费
我的选课
我的教材
我的学习
我的考试
我的统考
我的成绩
我的论文

成绩信息

如下为您所选课程的成绩情况
最近一次课程考试成绩发布20天后，将显示最终课程状态！

序号	课程名称	课程类别	课程属性	学分	课程状态	修课方式	总成绩	历次成绩
1	应用统计学	必修课	专业课	4	修完课程通过	正常选课	96	详细信息
2	大学文化	必修课	公共基础课	3	修完课程通过	正常选课	70	详细信息
3	市场营销学	必修课	专业课	3	修完课程通过	正常选课	75	详细信息
4	西方经济学	必修课	专业课	3	修完课程通过	正常选课	72	详细信息
5	开放英语	必修课	公共基础课	9	修完课程通过	正常选课	77	详细信息
6	现代远程学习概论	必修课	公共基础课	2	修完课程通过	正常选课	81	详细信息
7	概率论与数理统计	必修课	公共基础课	3	修完课程通过	正常选课	77	详细信息
8	线性代数	必修课	公共基础课	3	修完课程通过	正常选课	74	详细信息
9	计算机应用基础	必修课	公共基础课	4	修完课程通过	正常选课	71	详细信息

图4-57 课程成绩信息

在课程成绩的“详细信息”中，具体列示了总评成绩的统计明细，如图4-58所示。如果您对考试成绩有异议，可以在院校规定的“成绩复查期”内，联系学习中心老师提报成绩复查申请。

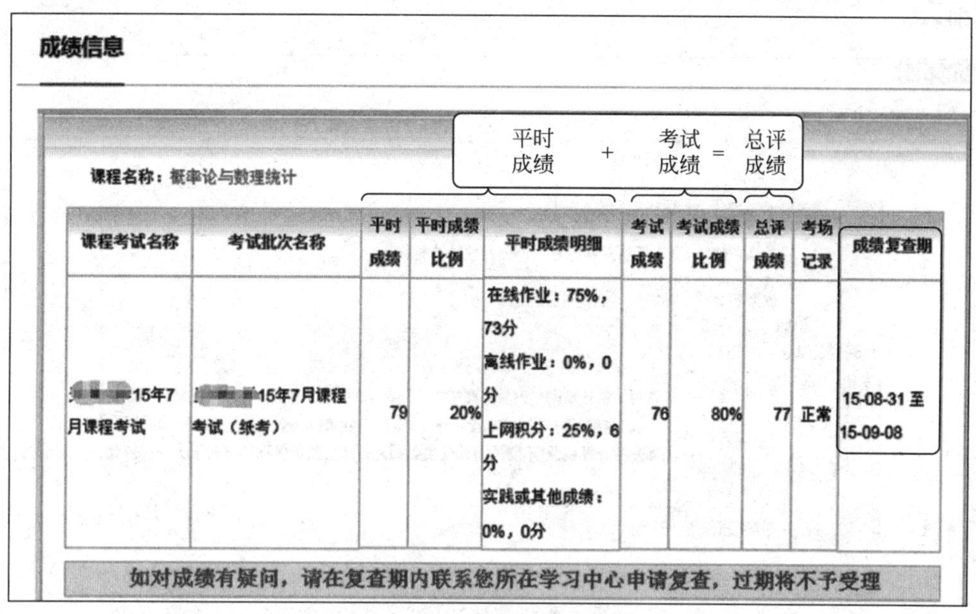

成绩信息

平时成绩 + 考试成绩 = 总评成绩

课程名称：概率论与数理统计

课程考试名称	考试批次名称	平时成绩	平时成绩比例	平时成绩明细	考试成绩	考试成绩比例	总评成绩	考场记录	成绩复查期
15年7月课程考试	15年7月课程考试（纸考）	79	20%	在线作业：75%，73分 离线作业：0%，0分 上网积分：25%，6分 实践或其他成绩：0%，0分	76	80%	77	正常	15-08-31至15-09-08

如对成绩有疑问，请在复查期内联系您所在学习中心申请复查，过期将不予受理

图4-58　课程成绩明细

4.9.2　查询学习积分

“学习积分”是记录和量化学生远程学习行为的一种方式，根据学生在线学习时长、课件浏览量、网上互动交流情况等综合而成，大多数院校将学习积分纳入课程平时成绩的考核项，是总评成绩的组成部分。

在学生平台首页的“个人中心”中列示了您当前获得的学习积分，如图4-59所示，点击积分数值链接，可以查看积分统计规则和积分获得的具体情况。

图4-59　查询学习积分

学习积分一般由在线时长积分、课件点击积分、课程论坛有效发帖积分、移动学习积分、奥鹏教育官微活动参与积分等组成。“我的积分”栏目列示了积分规则说明，以及已获得积分的项目分布，如图4-60所示，点击“详细信息”链接，您还能查看所获积分的具体明细。

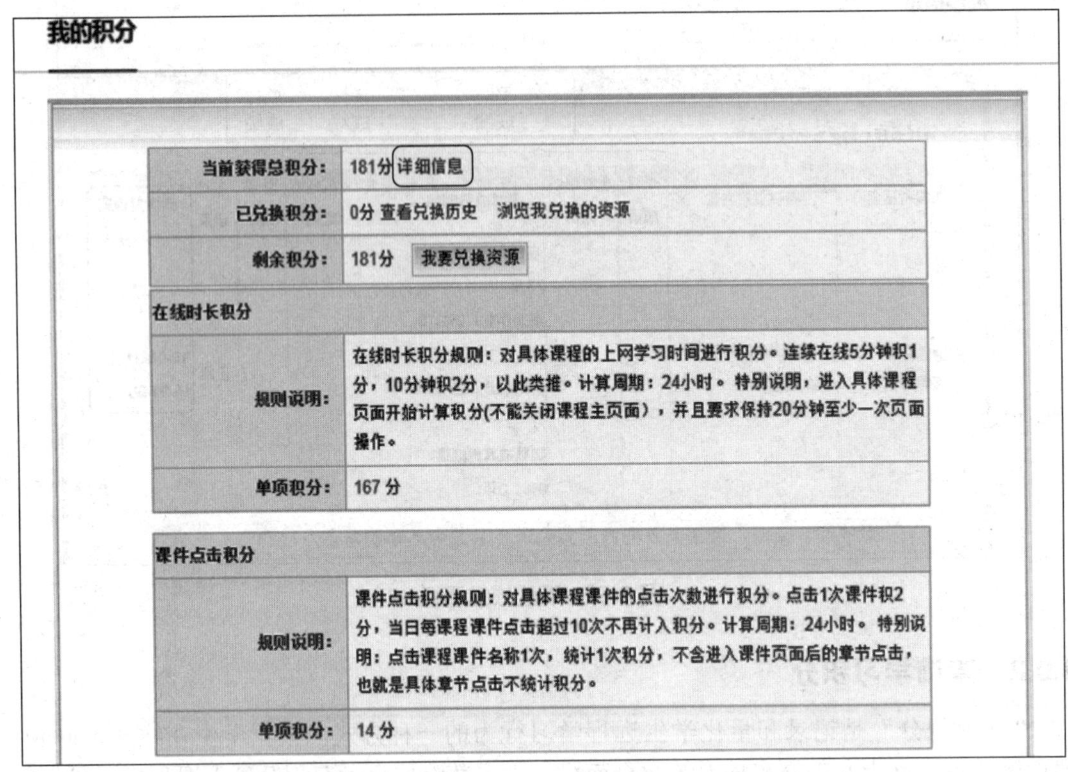

我的积分

当前获得总积分：	181分 详细信息
已兑换积分：	0分 查看兑换历史　浏览我兑换的资源
剩余积分：	181分　我要兑换资源

在线时长积分	
规则说明：	在线时长积分规则：对具体课程的上网学习时间进行积分。连续在线5分钟积1分，10分钟积2分，以此类推。计算周期：24小时。特别说明，进入具体课程页面开始计算积分(不能关闭课程主页面)，并且要求保持20分钟至少一次页面操作。
单项积分：	167 分

课件点击积分	
规则说明：	课件点击积分规则：对具体课程课件的点击次数进行积分。点击1次课件积2分，当日每课程课件点击超过10次不再计入积分。计算周期：24小时。特别说明：点击课程课件名称1次，统计1次积分，不含进入课件页面后的章节点击，也就是具体章节点击不统计积分。
单项积分：	14 分

图4-60　积分统计规则

4.10 毕业论文

毕业论文是教学计划的重要组成部分，是毕业生总结性的独立课程。毕业论文是学生运用所学的专业知识和基础理论，分析并解决实际问题的实践过程，也是学生学习成果的综合性体现，能够培养学生初步的科学研究能力。

毕业论文包括选题、写作、答辩三个主要过程，选题和写作过程一般通过学生平台的论文系统完成。正式开始写作前，应认真阅读院校写作的具体要求，特别是各环节的提交、截止时间。

4.10.1　论文选题

选题是毕业论文的第一个环节，也是论文能否进行的一个重要指标。各院校对论文选题有不同的要求，您需按照学生平台提示操作，如图4-61所示，选择申请写作的论题，论文选题应注意范围不宜过宽，所选研究题目应有一定的心得体会。

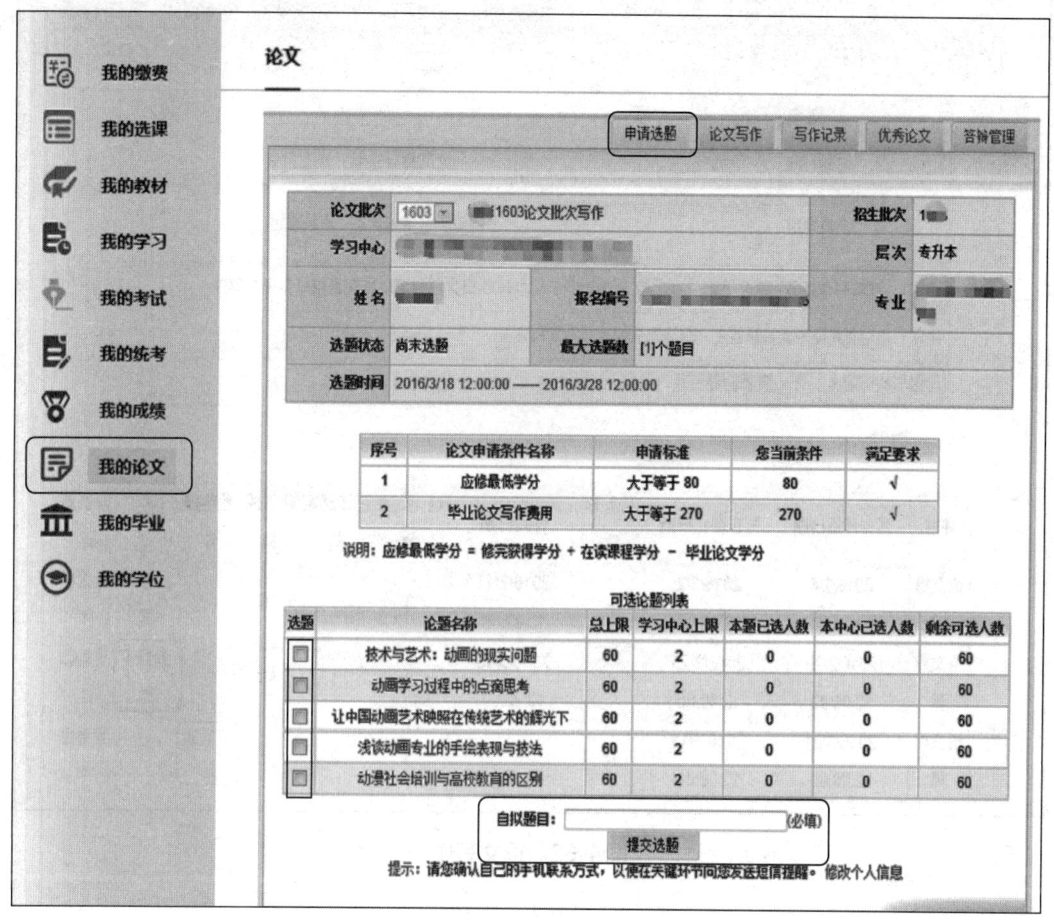

图4-61　论文选题

4.10.2　论文写作

论文写作过程一般会分为多个环节进行，例如论文初稿、论文二稿、论文终稿，您需要在每个环节规定的时间内，通过学生平台“我的论文”栏目的“论文写作”功能，如图4-62所示，将您完成的各环节论文写作稿在对应阶段的“提交稿件”中上传。同时，在论文写作过程中，指导老师会对各环节的写作内容批复指导性意见和建议，您可点击“查看评语”链接详细了解。此外，您还可以通过“给指导老师留言”的方式与老师沟通交流。

如您进行过多次论文写作，可以在“写作记录”栏目中查看历次写作的过程稿件、评语和成绩。部分院校还为学生开通了“优秀论文”栏目，提供往期优秀论文供写作者学习。

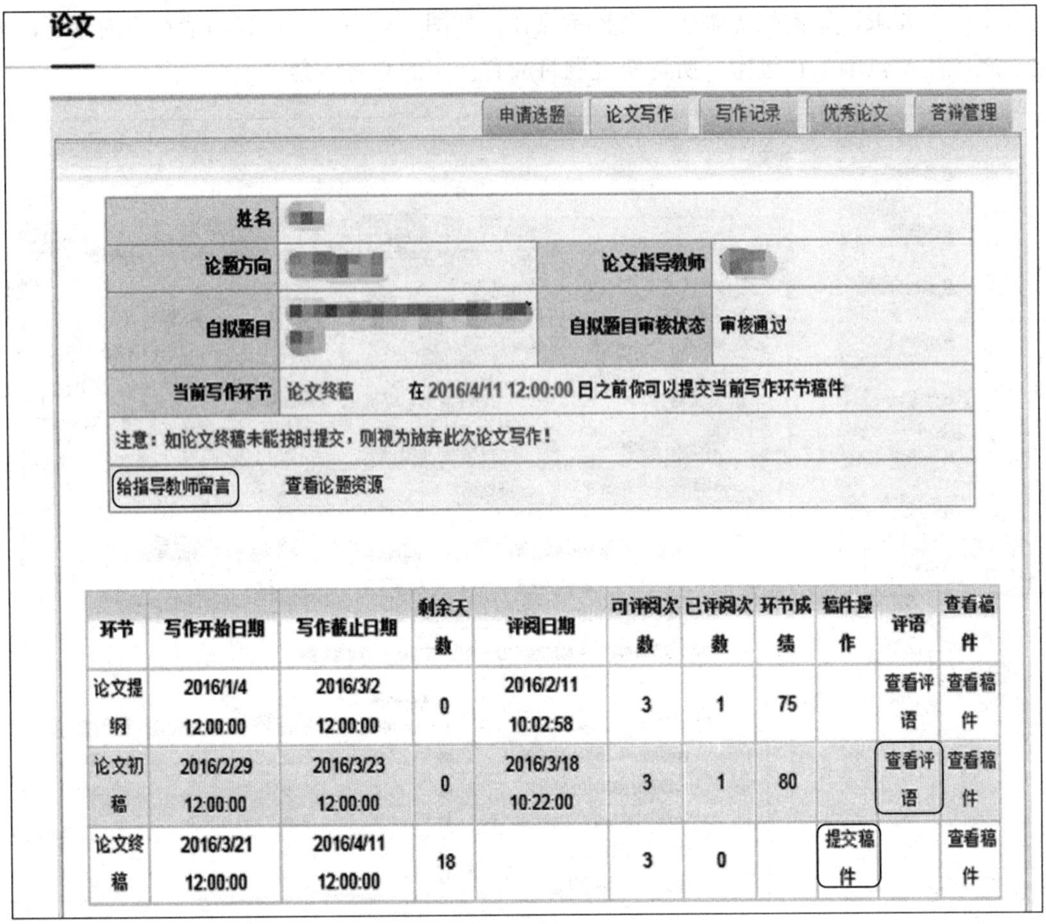

论文

申请选题 论文写作 写作记录 优秀论文 答辩管理

姓名			
论题方向		论文指导教师	
自拟题目		自拟题目审核状态	审核通过
当前写作环节	论文终稿　在2016/4/11 12:00:00日之前你可以提交当前写作环节稿件		
注意：如论文终稿未能按时提交，则视为放弃此次论文写作！			
给指导教师留言	查看论题资源		

环节	写作开始日期	写作截止日期	剩余天数	评阅日期	可评阅次数	已评阅次数	环节成绩	稿件操作	评语	查看稿件
论文提纲	2016/1/4 12:00:00	2016/3/2 12:00:00	0	2016/2/11 10:02:58	3	1	75		查看评语	查看稿件
论文初稿	2016/2/29 12:00:00	2016/3/23 12:00:00	0	2016/3/18 10:22:00	3	1	80		查看评语	查看稿件
论文终稿	2016/3/21 12:00:00	2016/4/11 12:00:00	18		3	0		提交稿件		查看稿件

图4-62　论文写作

4.10.3　论文答辩

毕业论文（设计）答辩是现代远程教育本科学生毕业论文（设计）教学过程的一个重要环节，是检验毕业论文（设计）真实性和提高学生能力的重要途径，也是多数院校申请学位的必要条件。网络教育毕业论文（设计）答辩每年安排两次，一般在4月、10月的中旬举行。具体答辩时间、地点、形式和要求等事宜，请关注平台公告发布的毕业论文（设计）答辩工作安排通知的详细内容。

在学生平台“我的论文”栏目的“答辩管理”中，如图4-63所示，可以进行申请答辩操作，查询审核进度与答辩安排以及答辩成绩等相关信息。

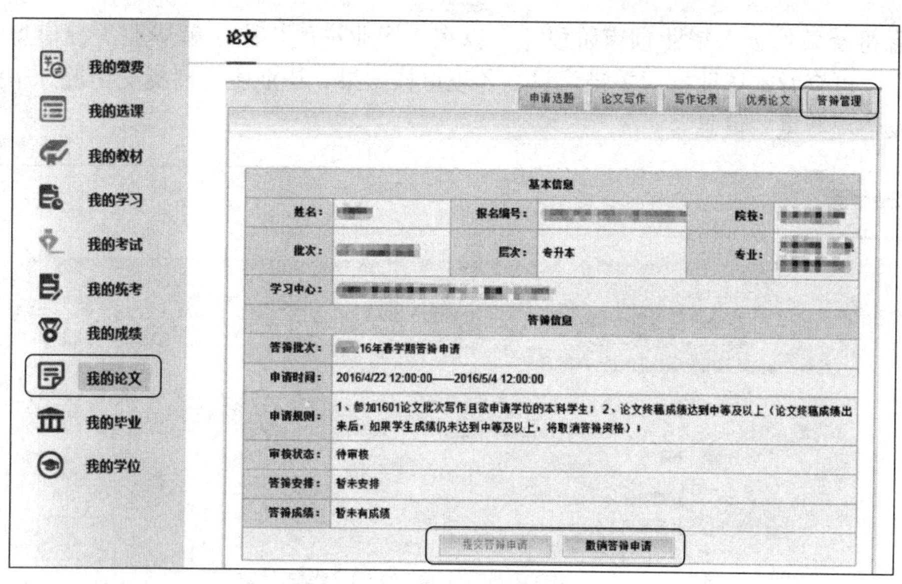

图4-63　答辩管理

4.11 毕业办理

毕业管理是院校审验学生毕业资格，办理毕业手续的重要环节。毕业办理一般包括毕业预审和毕业终审两个阶段，临近毕业的学生应及时关注学生平台毕业相关的通知和注意事项，在规定时间内，通过学生平台“我的毕业”栏目完成毕业申请、信息核对、简历鉴定填写等毕业申报操作。

4.11.1　查询毕业进度

学生平台“我的毕业”栏目中的“毕业进度”查询功能，如图4-64所示，是根据您的录取时间，参照您就读层次专业规定的学制和最短学习期限，以及院校的毕业管理规定，提供的预计最快学习进度和毕业时间参考信息，方便学员了解毕业安排。

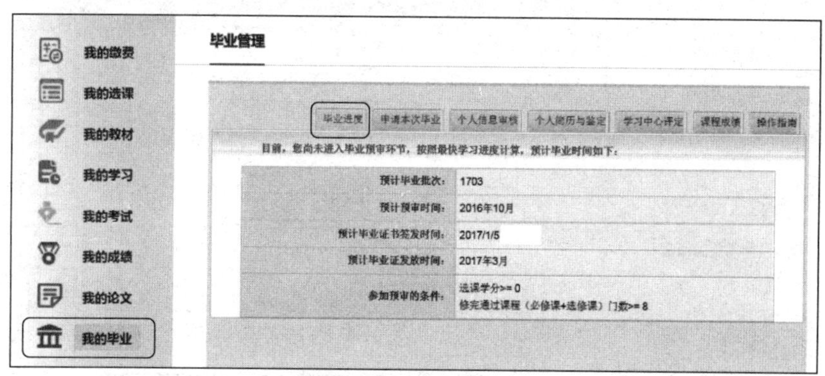

图4-64　毕业进度查询

当您符合条件进入毕业预审阶段，可以在“毕业进度”中了解毕业关键信息，如图4-65所示，可查看本毕业批次关键信息、各项审核结果、毕业生资料提交情况、毕业证及档案下发情况等重要信息。

毕业管理

毕业进度　申请本次毕业　个人信息审核　个人简历与鉴定　学习中心评定　课程成绩　操作指南

目前，您已进入1607毕业批次的预审阶段：

本毕业批次关键信息			
毕业批次	1607		
毕业审核条件	获得学分>= 142 必修课总学分>= 127 选修课总学分>= 15		
毕业申请时段	不需要学生申请	学生本人审核时段	2016-03-22 至 2016-04-30
本批次毕业证书签发时间	2016年7月10日	本批次毕业证书发放时间	2016年7月
各项审核结果			
毕业申请状态	不需要学生申请	学分及学习年限审核结果	满足
本人信息审核结果	待审核	备注：	
原始学历审核结果	待审核	备注：	
费用审核结果	待审核	备注：	
统考审核结果	待审核	备注：	
院校上报状态	未上报		
毕业最终审核	待审核		
毕业生资料提交情况			
毕业纸介照片	已提交	毕业生登记表	无需提交
毕业电子照片	已提交	其他资料	无需提交
毕业证及档案下发情况			
毕业证书编号			
实际毕业证书签发日期		毕业证书下发日期	
毕业证书发放备注			
毕业生档案编号		毕业生档案下发日期	
毕业生档案发放备注			
学习中心发放情况			
发放毕业证书		发放毕业生档案	

图4-65　毕业预审信息

4.11.2 提交毕业申请

进入毕业预审阶段后，部分院校规定学生需在学生平台进行“申请本次毕业”的操作，如图4-66所示，结合您个人的情况点选所需的毕业申请选项，点击“保存”即完成申请毕业的操作。

注意：根据院校学籍政策规定，部分院校只能在毕业当期申请学位，因此，如您希望申请学位，但仅符合毕业条件，而尚未达到学位条件，则需要您申请延期毕业，待达到学位条件后，一并申请办理毕业和学位。各院校具体规定和操作要求，请关注学生平台毕业办理相关的公告通知。

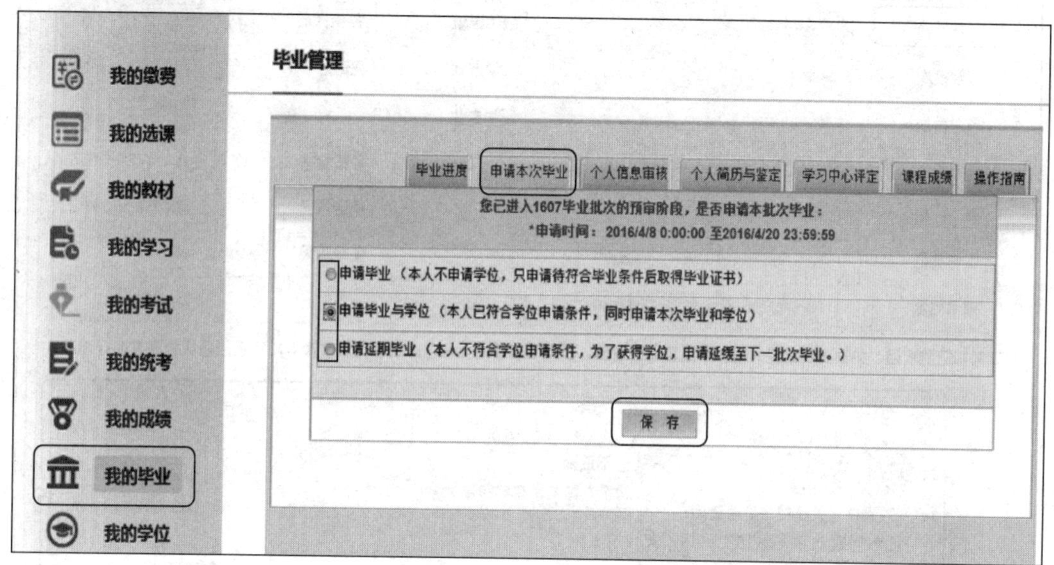

图4-66 申请毕业

4.11.3 个人信息审核

为确保准确办理毕业证书、档案和注册学历信息，部分院校要求学生在毕业申请时再次核对本人关键信息和联系方式。您需要在学生平台毕业管理的“个人信息审核”栏目中，如图4-67所示，认真检查各项信息是否准确无误，如关键信息（姓名、性别、出生日期、民族、证件号码）须更正或更新，请务必在规定时间内在“个人信息审核”中提报，同时还需联系您所在的学习中心，填写纸质《信息修改申请表》，并提交相关的书面证明材料。审核时间截止后，不再受理任何变更申请，院校将依据平台信息核对结果为学生办理毕业相关手续。

政治面貌、电话号码、工作单位、通信地址、邮编等非关键信息如需更新，您可直接在页面自行修改，点击保存后即修改成功。建议学生及时更新本人联系方式，保证手机号码正确，方便您接收毕业办理相关的短信提醒。

毕业管理

毕业进度 | 申请本次毕业 | 个人信息审核 | 个人简历与鉴定 | 学习中心评定 | 课程成绩 | 操作指南

您已进入1607毕业批次的预审阶段，请审核您的个人信息：
*审核时间：2016/3/22 0:00:00 至2016/4/30 23:59:59

姓　　名*		性　　别*	女	
出生日期*		民　　族*	汉族	
证件号码*		政治面貌	共青团员	
入学批次		入学方式	测试生	
所学层次		所学专业		
学籍批次			学籍状态	正式
学　　号			电话号码	
工作单位			邮政编码	
通讯地址				

*号标记的项目，关系到毕业证书的制作以及电子注册，请您认真核对，一旦确认将无法修改。其它项目请认真核实自行修改。

请核实关键信息是否正确： 姓名/性别/证件号码/出生日期/民族	◎正确 ◎不正确 请录入需要修改的内容： 请注意：如果您有需要修改的关键信息，请尽快携带户籍类证明/证件，到学习中心填写"信息修改申请表"。如有疑问，请联系所在学习中心。

保　存

图4-67　个人信息审核

4.11.4　填写个人简历与鉴定

目前，大部分院校采用平台填报毕业生登记表的形式，您需要在学生平台“我的毕业”中填写“个人简历与鉴定”，如图4-68所示，包括“家庭信息”“个人简历”“个人评定”三部分内容。其中，“家庭信息”和“个人简历”可点击页面中的“新增”按钮填写信息，重复此操作能够添加多条信息，已填写的内容如需变更，可通过“编辑”或“删除”功能修改。“个人评定”内容直接填写在文本框内，完成后点击“保存”即可。

填写时应认真按照毕业预审通知要求完成，注意事项如下。

① **家庭信息**：是指直系亲属（父母、爱人、子女）。

② **个人简历**：是指学习经历、工作经历。

③ **个人评定**：是指学生在学习期间在思想政治品德、工作、学习表现情况等方面的表现，填写时请注意语句通顺，不能有错别字，正确使用标点符号。

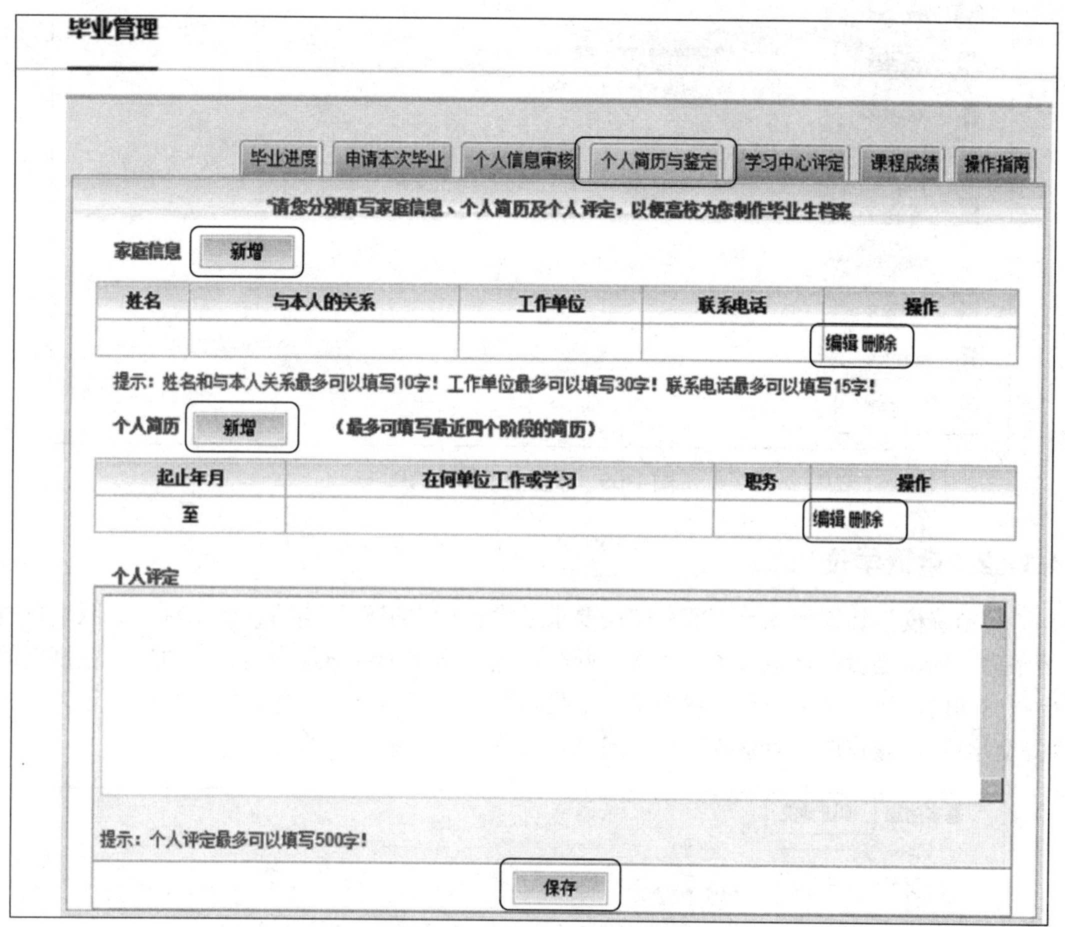

图4-68　填写个人简历与鉴定

院校将根据填报信息打印制作毕业生登记表，封入毕业生档案。毕业生档案是个人档案的重要组成部分，毕业后发放给学生，由学生自行提交至个人存档单位存放。

4.12 学位办理

院校对于学位授予的要求各不相同，报读本科层次的学生可以通过“我的学位”栏目了解学位授予的基本信息，办理申请学位的相关手续。

4.12.1 学位授予信息查询

您就读的专业拟授予的学位类型可以在学生平台“我的学位”栏目的“基本信息”中查询了解，如图4-69所示，同时，您还可以“点击查看”学位授予所需的条件。

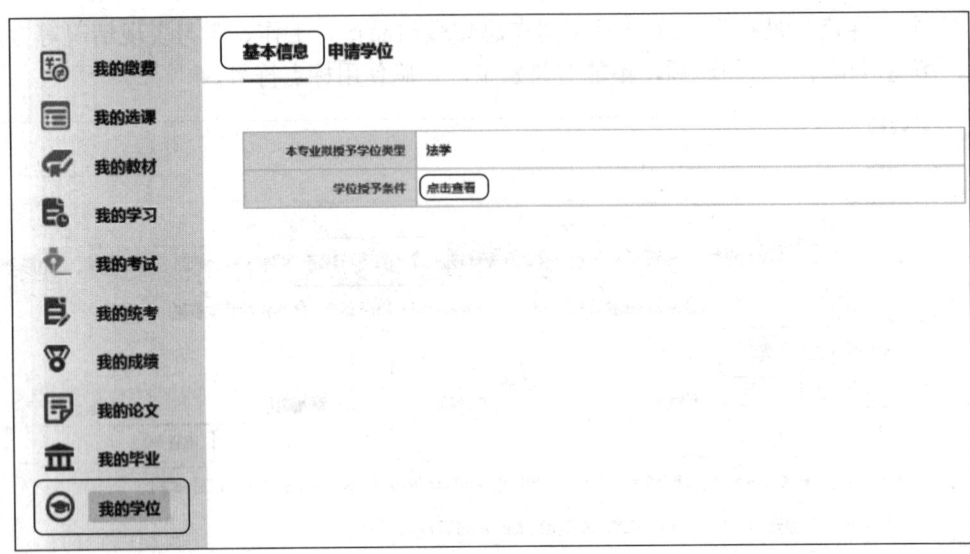

图4-69　学位授予基本信息

4.12.2　申请学位

根据院校学籍管理规定，部分院校要求学生自行提报学位申请。请您首先对照学位授予条件，确认是否符合申请学位资格，同时请关注学生平台学位申请相关通知，在规定的申报时间内，通过学生平台“我的学位”栏目的“申请学位”功能，如图4-70所示，点击“提交申请”，操作成功后系统弹出“您已添加到申请名单中”的提示框。

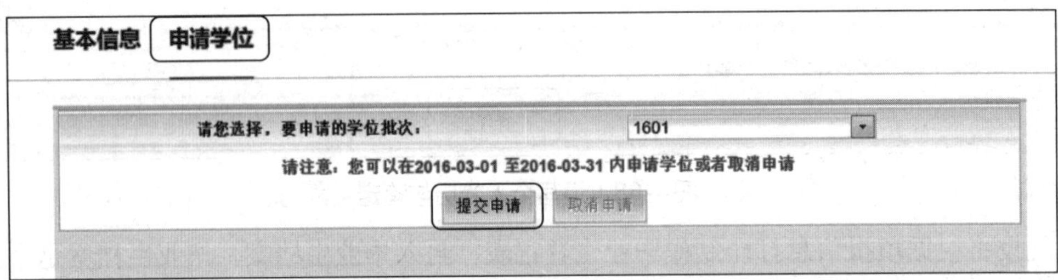

图4-70　提交学位申请

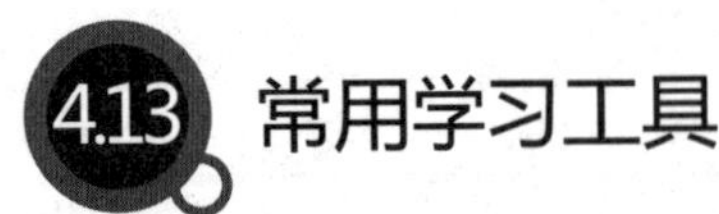

4.13 常用学习工具

4.13.1　通知公告

远程学习最大的特点是打破了学习时间和空间的限制，学生可以随时随地进行学习，但远程学习并不是学生个人单独地、随意地进行，应该及时了解学院和学习中心发布的各类教学信息，积极配合教学安排，制订明确的学习计划并有效完成。

在学生平台首页顶端工具栏中点击“通知公告”栏目，如图4-71所示，这是您了解院校、奥鹏教育、学习中心重要规定和信息的主要途径，建议您每日查看。

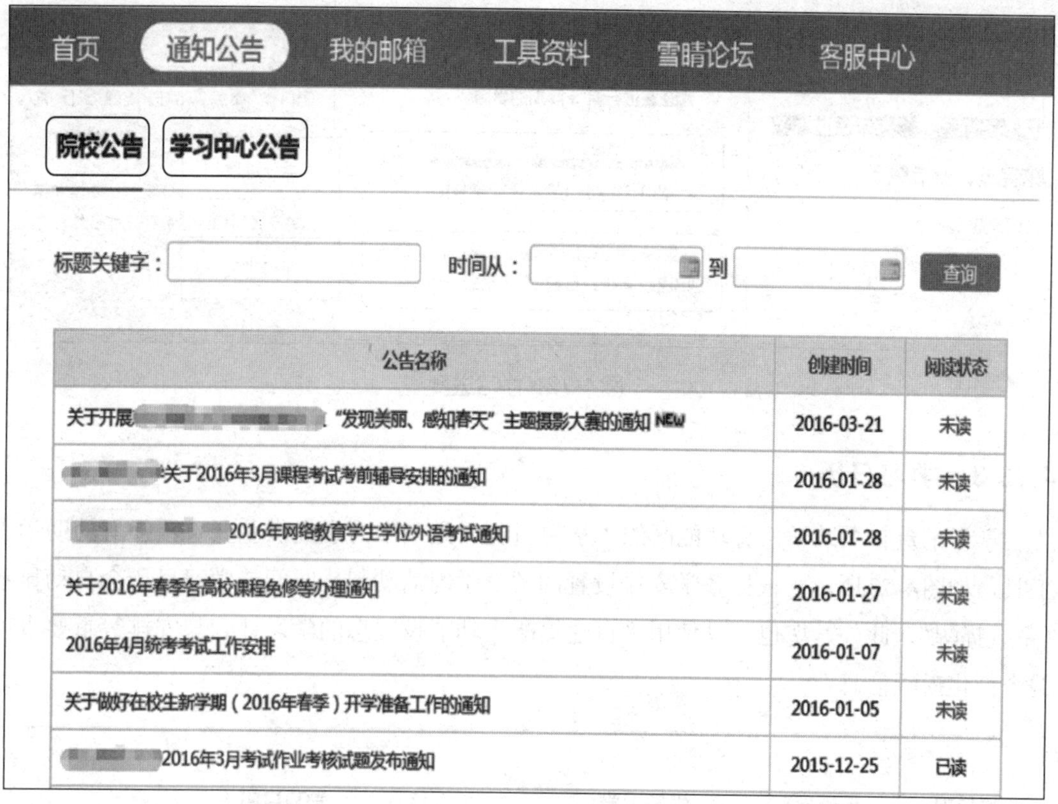

首页 通知公告 我的邮箱 工具资料 雪晴论坛 客服中心

院校公告 学习中心公告

标题关键字： 时间从： 到 查询

公告名称	创建时间	阅读状态
关于开展 “发现美丽、感知春天”主题摄影大赛的通知 NEW	2016-03-21	未读
关于2016年3月课程考试考前辅导安排的通知	2016-01-28	未读
2016年网络教育学生学位外语考试通知	2016-01-28	未读
关于2016年春季各高校课程免修等办理通知	2016-01-27	未读
2016年4月统考考试工作安排	2016-01-07	未读
关于做好在校生新学期（2016年春季）开学准备工作的通知	2016-01-05	未读
2016年3月考试作业考核试题发布通知	2015-12-25	已读

图4-71 通知公告

建议重点关注与学习过程紧密相关的以下几类通知公告。

① 考试预约及考场安排通知：需注意考试预约截止时间、考试时间和考场考次安排。

② 成绩发布通知：需注意复查时间。

③ 毕业论文写作通知：需注意选题条件、选题起止时间、写作要求及写作环节的时间。

④ 毕业论文答辩通知：需注意申请条件、上报时间、测试安排、答辩时间。

⑤ 毕业预审和终审通知：需注意毕业申请和信息核对的截止时间。

⑥ 学位申请通知：需注意学位授予条件、申请学位的时间。

4.13.2 学习进度

学生平台首页助学信息功能区的“学习进度”栏目能够帮助您了解当前所在学期、学分选修和获取情况以及课程选修和通过情况，如图4-72所示，其中“学分进度”是指您已选修获得的学分（即考核通过的课程累计学分）占教学计划总学分的比例；“课程进度”是指您已经考核通过的课程数量占所有选修课程总数的比例。

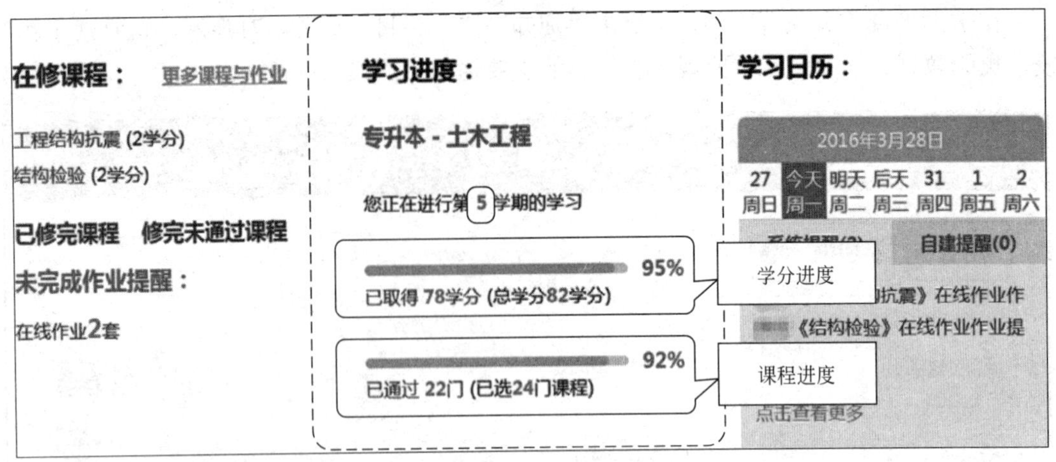

图4-72 学习进度

4.13.3 学习日历

学生平台首页助学信息功能区的“学习日历”是一个为您提供重要事项提醒的助学小工具，如图4-73所示，根据教学安排设置的关键学习活动起止时间，学习日历会自动显示“系统提醒”，此外，您也可以使用“自建提醒”功能设置您的学习计划与安排等重要事项的个性化提醒信息。

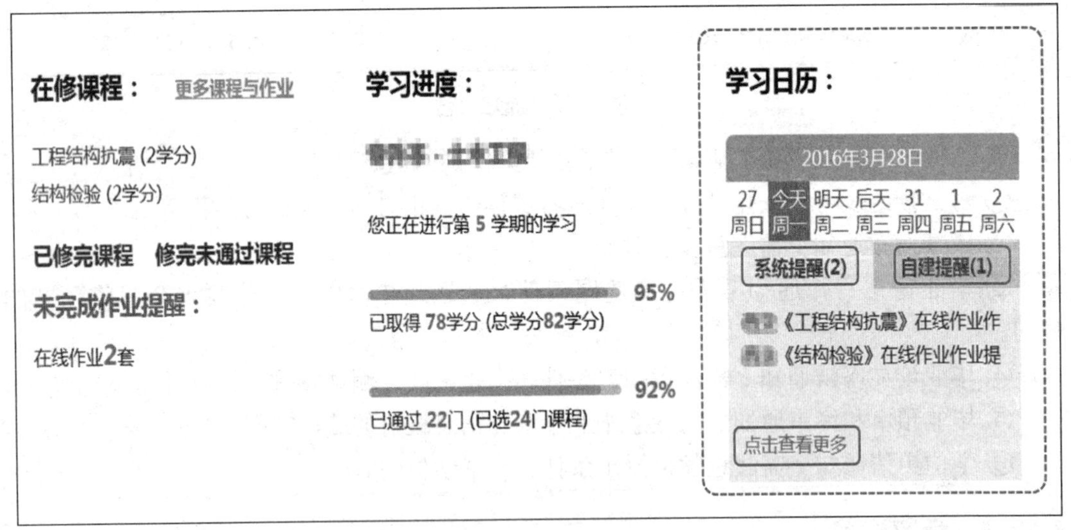

图4-73 学习日历

除了当日学习日历提醒，您还可以“点击查看更多”，概览本月的每日提醒统计，如图4-74所示，将鼠标移至某日的提醒统计处，即可查阅详细提醒内容。

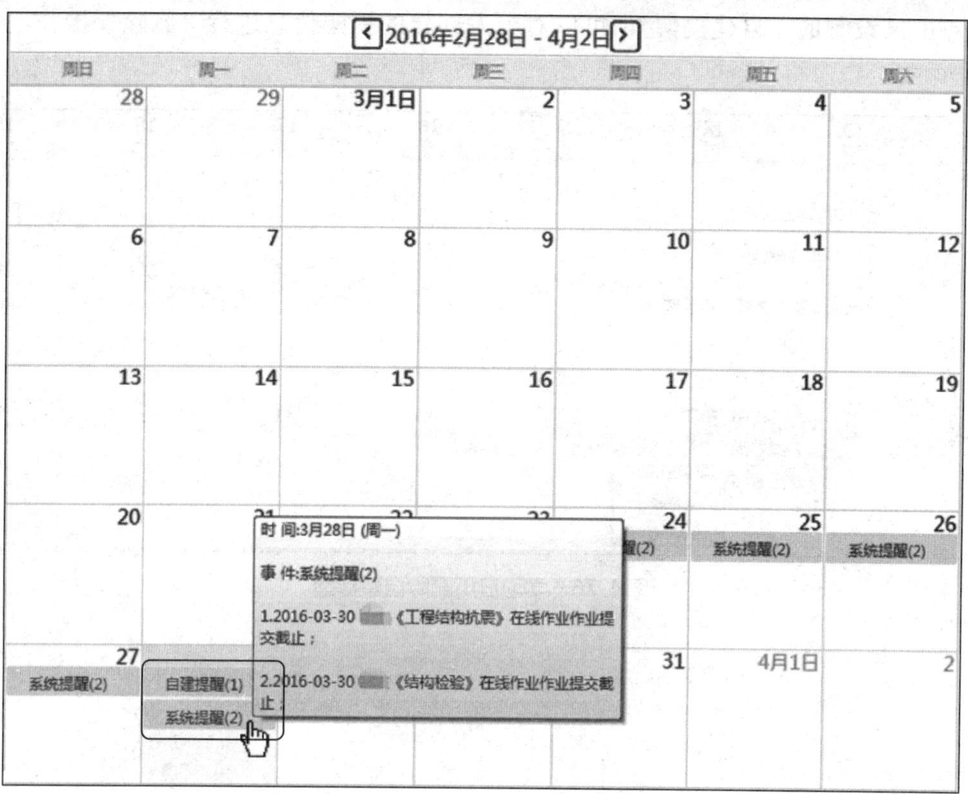

图4-74　学习日历月度提醒信息

在学习日历月度提醒页面，您可以设置个性化的“自建提醒”，如图4-75所示，在指定日期处点击鼠标左键，系统弹出设置信息框，在内容栏输入简要的提醒事项说明，点击“创建提醒”即完成设置。

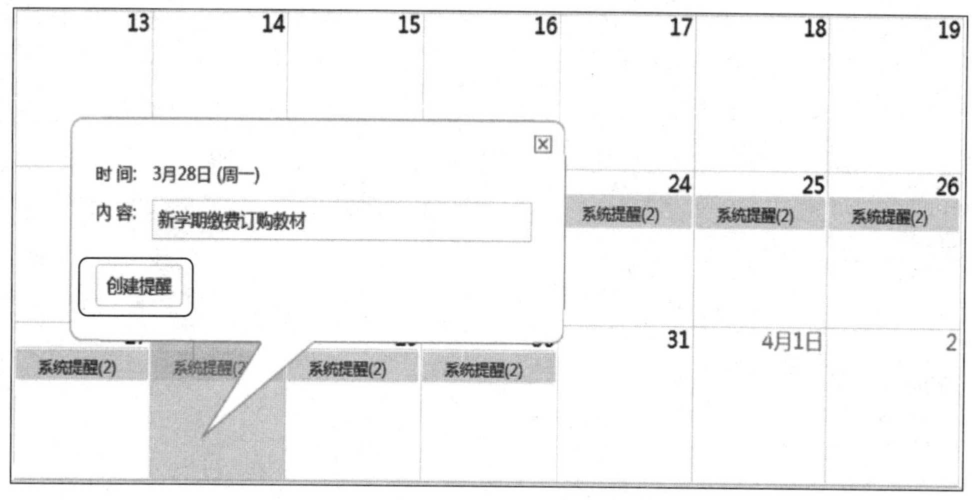

图4-75　学习日历设置自建提醒

点击已设置的“自建提醒”，可以对个人创建的提醒信息进行“删除”操作，如图4-76所示。

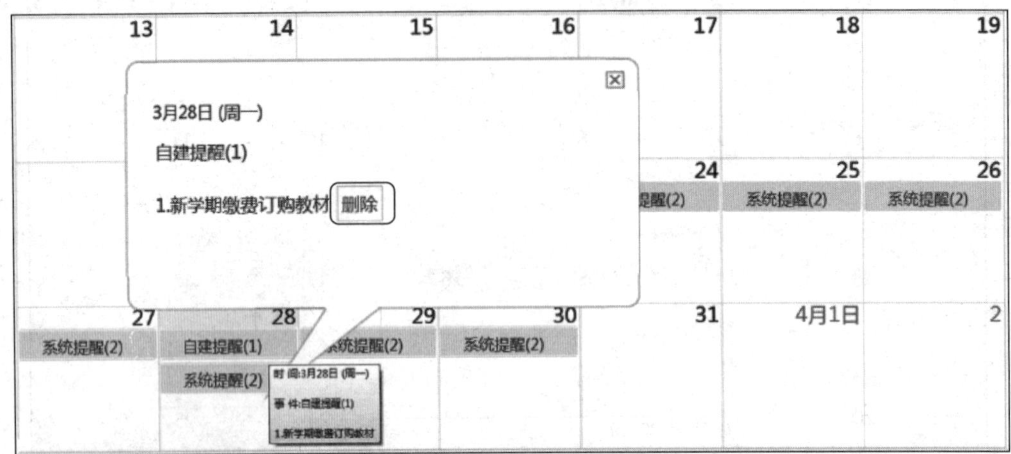

图4-76　学习日历删除自建提醒

第5章　移动学习与服务

奥鹏教育官方微信服务号（简称奥鹏教育官微）是为广大学员提供的移动学习与自助服务的综合平台，设有“学习平台”“报名”“活动”等栏目，提供手机上网浏览课件、做作业等学习功能，同时提供个人信息、考试安排、课程成绩等自助查询等服务功能。

5.1 关注奥鹏教育官方微信服务号

您可以通过三种方式关注奥鹏教育官微。

① 扫描二维码，如图5-1所示。

② 搜索微信号：openedutainment。

③ 搜索公众号“奥鹏教育”，搜索结果第一位。

也欢迎您将奥鹏教育官微推荐给更多的同学和朋友。

图5-1　奥鹏教育官微二维码

5.2 学员身份验证

“关注”成功后，奥鹏教育官微会自动为您推送“立即开启智能服务”的提醒信息，如图5-2所示，点击此信息，按照奥鹏教育官微提示的操作步骤，输入您报名登记的手机号码，通过手机验证的方式即可完成学员身份验证。验证通过后，您即可方便快捷地登录移动学习平台，并获得个性化的自助查询和消息提醒等服务。

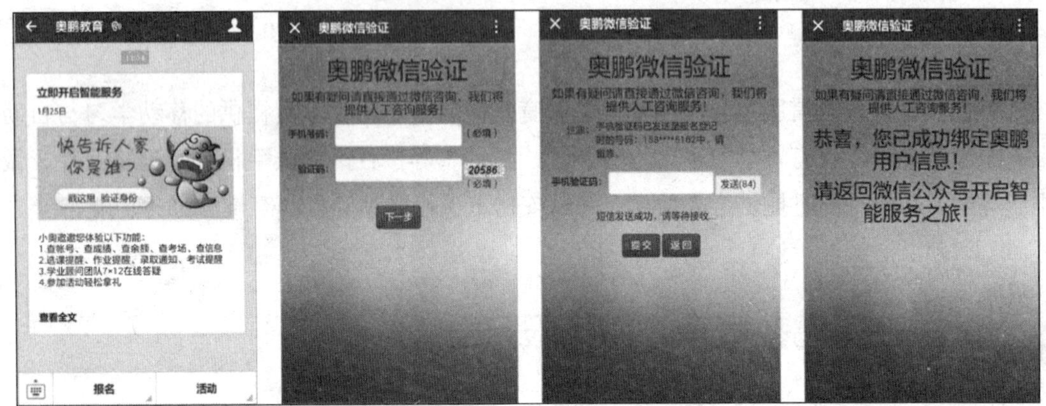

图5-2　奥鹏教育官微验证学员身份

5.3 移动学习与服务介绍

完成学员身份验证后，登录奥鹏教育官微首页，可在下方功能栏中看到“学习平台”按钮，如图5-3所示，点击按钮进入移动学习平台首页，页面中间位置提供移动学习与自助查询的功能，可点选进入相关功能查看了解。

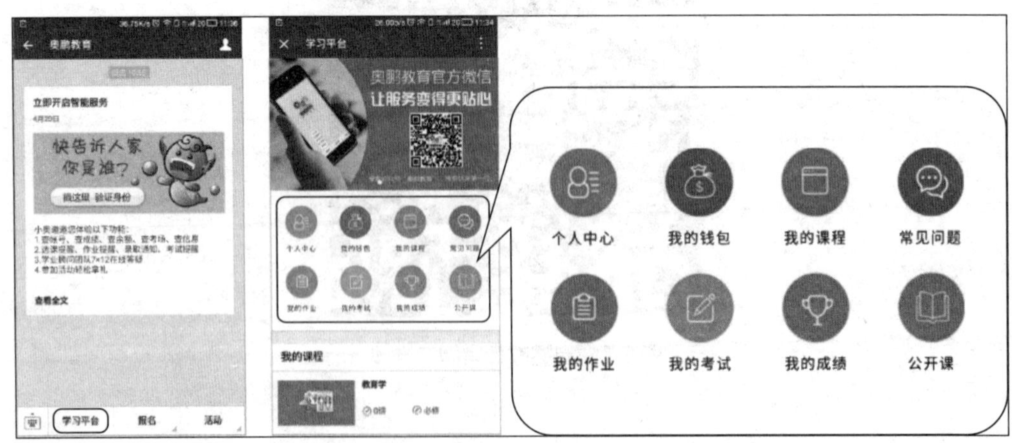

图5-3　奥鹏教育官微学习平台首页

移动端的学习平台正在持续建设与完善中，目前，主要满足以下学习与服务的应用。

① 我的课程：断点续传方式浏览课件、查看课程公告与导学文档。

② 我的作业：移动端完成并提交在线作业，即时判分查看作业成绩。

③ 个人中心：查询个人在读信息、所在学习中心联系方式、积分情况。

④ 我的钱包：查询学费、教材费和其他各项费用的缴纳金额、使用金额、剩余金额及相关明细。

⑤ 我的考试：查询课程考试安排的详细信息。

⑥ 我的成绩：查询课程总评成绩。

⑦ 常见问题：提供常见问题查询与检索，以及人工客服咨询服务。

⑧ 公开课：免费开放众多名校部分精品课程。

在关键学习节点，奥鹏教育官微还将为学生发送个性化的缴费、选课、作业提交、考试安排、成绩发布、毕业论文选题、毕业申请等重要消息提醒。此外，奥鹏教育官微还将不定期组织丰富多彩的线上学生活动，为您提供展现个人风采的大舞台。

第6章　支持服务和帮助

奥鹏教育为您提供了多种咨询服务通道和沟通途径，您在日常学习中遇到的各类问题，都可以选择您最方便的方式及时联系奥鹏教育、同学、任课教师或学习中心老师，获得及时有效的帮助指导。

 6.1 专业的支持服务团队

奥鹏远程接待中心是受理学生咨询、建议和投诉的专设服务团队，由一批训练有素，熟悉院校政策、远程学习管理流程以及平台操作使用的学业顾问组成，为学生提供7×24小时的全天候、一站式咨询受理服务。

6.2 如何咨询问题

学习过程中遇到的问题和困难，您可以拨打奥鹏教育全国统一服务热线400-810-6736（OPEN），通过语音自助导航功能或人工服务进行咨询，还可以通过如下途径获得帮助。

6.2.1　奥鹏教育官微自助服务

奥鹏教育官微提供个人信息、费用信息、课程信息、考试安排、课程成绩等自助查询功能，同时设有“常见问题”栏目和人工客服功能，为学员提供随时随地的移动咨询服务。

6.2.2　在线咨询

奥鹏教育官网首页的“在线咨询”功能如图6-1所示，在每天8:00 ～ 24:00为您提供学业顾问专业、快速的问题解答服务。

6.2.3　论坛咨询

除了解答学习问题的课程论坛，奥鹏教育还设有专门为您解答教务、考试、教材等问题的“雪晴论坛”。点击学生平台上方工具栏中的“雪晴论坛”即可登录，如图6-2所示，

选择进入“学习支持服务”板块，在这里您既可以创建“新帖”咨询问题，也可以查看并参与其他问题的讨论和解答。

图6-1　在线咨询

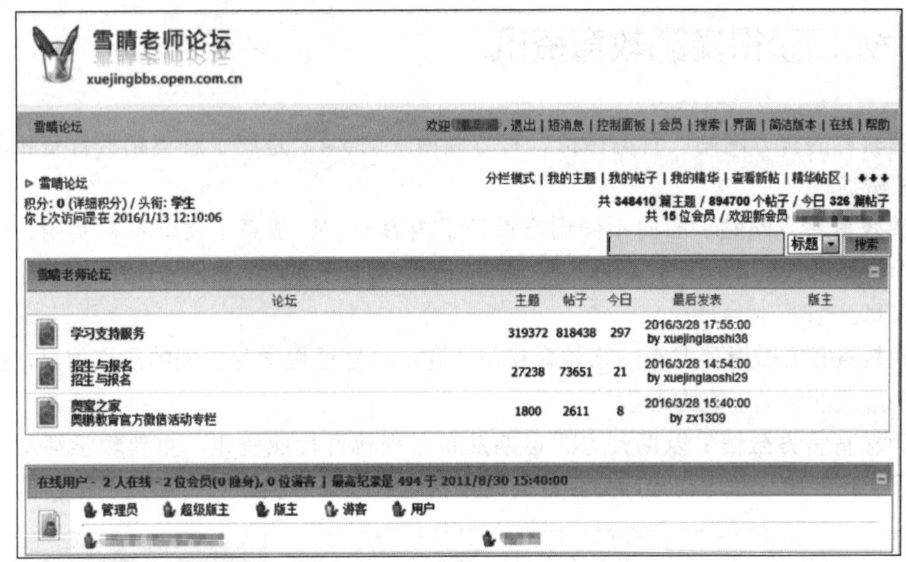

图6-2　雪晴论坛

6.2.4　邮件咨询

您也可以使用电子邮件咨询问题，为确保给您提供更为快速、准确的解答，建议您在邮件正文中具体详细地描述遇到的问题，同时提供您的个人基本信息，如姓名、报读院校、奥鹏卡号等，发送邮件至奥鹏教育学生服务邮箱zhuren@open.com.cn，学业顾问一般会在1个工作日内给您回复。

6.2.5　联系学习中心咨询

学习中心是为您提供具体学习过程指导和帮助的服务机构，您可以登录奥鹏教育官方网站，点击进入“学习中心”栏目查看您所在学习中心的联系方式和地址，如图6-3所示。

图6-3　查询奥鹏远程教育学习中心联系方式

6.3 如何获得奥鹏教育资讯

奥鹏教育的官方网站、官方微信、官方微博（图6-4）是您了解奥鹏教育资讯、参与活动的权威途径。

奥鹏教育官方网站：面向不同用户设计了内容充实、信息丰富、资料实用、操作简便、界面新颖活泼的不同栏目，建议您定期登录，及时了解学习相关的通知、规定、活动等各类信息。

奥鹏教育官方微博：发布网络教育热门话题，分享远程学习相关的热点信息，提供多触角、多形式的移动互联沟通方式。

奥鹏教育官方微信：以期刊方式定期发布远程教育行业资讯、重要教学活动帮助提醒、远程学习经验分享等内容，方便您时时掌握远程学习和奥鹏教育相关的最新信息。

图6-4　奥鹏教育的官方网站、官方微博、官方微信

6.4 学生活动

快乐学习是奥鹏教育的服务理念之一，便捷的网络互动交流使您的学习过程不再孤单，丰富多彩的学生活动令学习不再枯燥无味。欢迎您关注学生平台发布的院校、学习中心组织的活动公告，积极参与征文、书法、摄影、母校行等趣味活动，充分发挥您的智慧与才华。奥鹏教育官微也会组织多种多样的精彩线上活动（图6-5），欢迎您关注参与，展现您的个人风采和特长。

图6-5　奥鹏教育官微的学生活动

第7章　远程学习的基础条件和基本技能

与传统面授不同，远程教育突破了时空、地点的局限，通过现代的科技和教学手段，把名校名师请到学生面前，有效解决工学矛盾，使学生真正实现自由自主地学习，同时，远程教育的学习需要学习者具备一定的计算机使用技能，为保证学习效果，您使用的计算机需要具备如下条件。

7.1 软硬件条件与网络环境

建议计算机硬件不低于以下配置：

• CPU为PII 450（含）以上，512M以上内存；

• 装有声卡、耳机和麦克风，可用于参加语音答疑等；

• 512k ADSL上网，或10M/100M网卡宽带上网。

建议计算机安装以下常用的系统和软件：

• 操作系统，建议Windows XP及以上版本；

• 网络浏览器，例如Internet Explorer；

• 文字处理，例如Microsoft Word；

• PDF阅读器，例如Adobe Reader PDF阅读器等；

• 软件压缩，例如WinZip或者WinRAR等；

• 多媒体播放，例如Media Player或者Real Player等；

• 杀毒软件，例如360安全卫士、诺顿、瑞星、金山毒霸等；

• 断点续传下载工具，例如迅雷、网络蚂蚁（NetAnts）或者网际快车（FlashGet）等；

• 客户端电子邮件软件，例如Microsoft Outlook、Outlook Express或Foxmail等。

7.2 如何浏览网页

浏览网页需要首先下载安装浏览器，浏览器是指可以显示网页服务器或者文件系统的HTML文件内容，并让用户与这些文件交互的一种软件。一般来说，使用Windows操作系统的计算机会自带安装Internet Explorer网页浏览器。

计算机成功连接网络后，打开浏览器，在地址文本框内输入需要访问的网站地址，如http://www.open. com.cn，如图7-1所示，点击回车键后即可打开奥鹏教育官方网站。一般的网页都有交互的功能，单、双击链接按钮就可以浏览网页中更多的信息。

图7-1　浏览器浏览网页

随着移动互联网的发展，为了更方便用户移动应用，奥鹏教育还提供有手机版网站。扫描奥鹏教育手机网站的二维码，如图7-2所示，您就可以使用手机随时随地方便地访问奥鹏教育网站了。

图7-2　奥鹏教育官方网站手机版

7.3 如何使用“乐乐邮”电子邮箱

“乐乐邮”是奥鹏教育为教师和学生提供的免费网络电子信箱，支持个人邮件、通知邮件、课程作业邮件的发送和接收，提供安全、快捷的邮件服务。

7.3.1 使用浏览器管理乐乐邮

7.3.1.1 登录乐乐邮

登录奥鹏教育官网首页，如图7-3所示，点击页面顶端右侧的“全局导航”，在下拉列表的“新手指南”中点选“lele邮”，即可链接到乐乐邮登录界面。

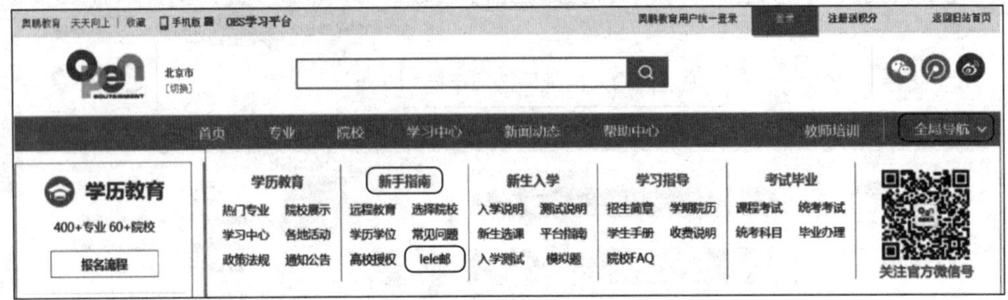

图7-3 奥鹏教育官网乐乐邮登录链接

在乐乐邮登录界面中，输入您的用户名和密码，一般与您登录“学生平台”的用户名、密码相同，如图7-4所示，同时按页面提示输入随机的验证码，点击“登录”进入邮箱。

图7-4 乐乐邮登录界面

您还可以在学生平台首页顶端工具栏中点击“我的邮箱”，如图7-5所示，可直接跳转进入您的乐乐邮，不需再输入用户名和密码。

首页　通知公告　我的邮箱　工具资料　雪晴论坛　客服中心

图7-5　学生平台首页登录乐乐邮

在乐乐邮的登录欢迎页，您可以概览邮箱整体情况，如图7-6所示，通过页面右上角的“帮助”和“设置”能够更好地了解邮箱的功能和使用方法。

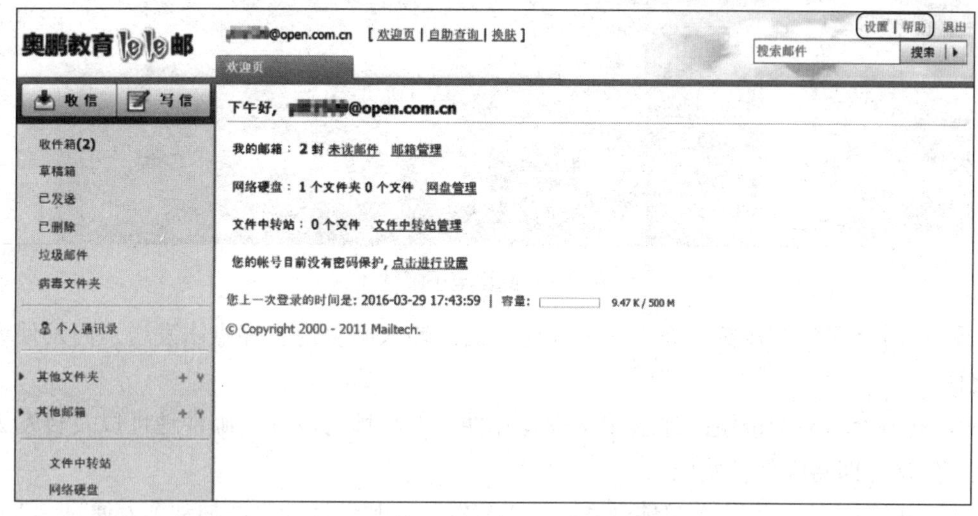

图7-6　乐乐邮登录欢迎页

7.3.1.2　如何浏览邮件

点击乐乐邮登录页左侧功能栏的“收信”按钮，如图7-7所示，即可进入收件箱，查看您收到的电子邮件。

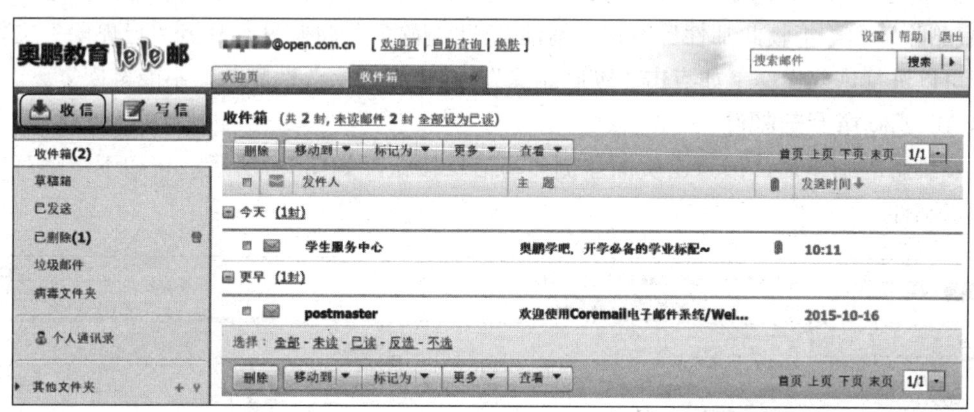

图7-7　收件箱接收邮件

直接点击邮件的主题即可阅读该封邮件内容，如图7-8所示，还可以进行如下相关操作。

① 如果接收到包含附件的邮件，点击“查看附件”链接，跳转至邮件正文下方的附件明细，可以选择打开或下载附件内容。

图7-8　阅读电子邮件

② 点击“回复”按钮，弹出回复邮件页面，输入回复内容并点击发送，向发件人回复信息。

③ 点击“转发”按钮，弹出转发撰写邮件页面，填写收件人邮件地址以及转发说明后点击发送，即将邮件转发他人。

④ 如以后还需与发件人邮件联系，可以将发件人邮件地址“添加到个人通讯录”中。

⑤ 选中邮件后，单击“标记为”或“移动到”可对邮件分别进行重新标记、移动到其他文件夹等处理。标记是指将邮件标记为“已阅读”“新邮件”等方式。操作转移可以将邮件转至“草稿箱”“已发送”“已删除”“垃圾邮件”等文件夹中。

⑥ 对于无用邮件或者广告垃圾邮件，您可以点击“删除”或者“更多”操作中的“彻底删除”和“拒收此邮件”链接。请注意，“删除”是将邮件转移到“已删除”文件夹中，可以进行恢复操作；如点击“彻底删除”，则将邮件永久性删除，不能再恢复。

7.3.1.3　如何撰写新邮件

登录您的邮箱后，请点击页面左侧“写信”按钮，如图7-9所示，按如下步骤可以撰写发送邮件。

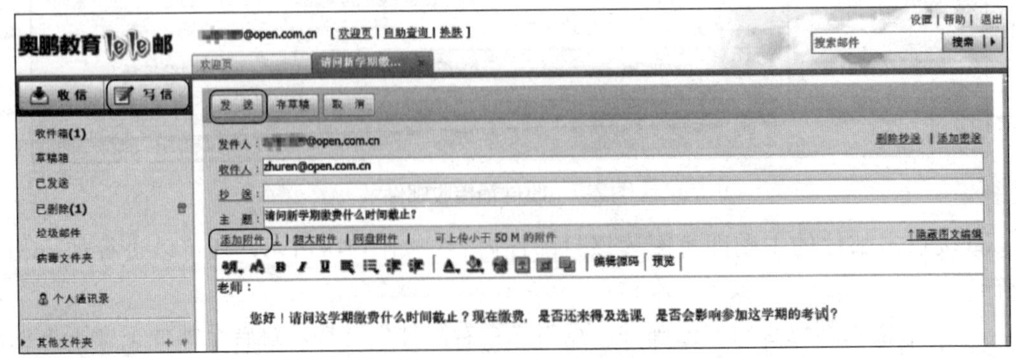

图7-9　撰写发送邮件

① 填写收件人，比如zhuren@open.com.cn，如果有多个收件人，请使用英文输入格式的逗号分隔多个Email地址；或单击“收件人”按钮，直接从通讯录中添加收件人。

② 填写邮件主题，用简明扼要的文字说明您发送邮件的事项和目的。

③ 如果您需要随信附上文件或者图片，可单击主题字段下面的“添加附件”，浏览文件，单击要添加的文件的名称，单击“打开”，进行添加附件的操作。重复此操作可添加多个附件。如果要删除已添加的附件，请单击附件旁边的“删除”按钮。

④ 填写邮件正文并点击“发送”，您的邮件即发往“收件人”的邮箱。

7.3.1.4　常用的邮箱设置

乐乐邮的“设置”提供了“个人信息”“基本信息”“安全设置”三类信息管理功能，如图7-10所示，其中的常用功能“个人资料”“签名档”和“自动回复”可以帮助您进行个性化的邮件管理设置。

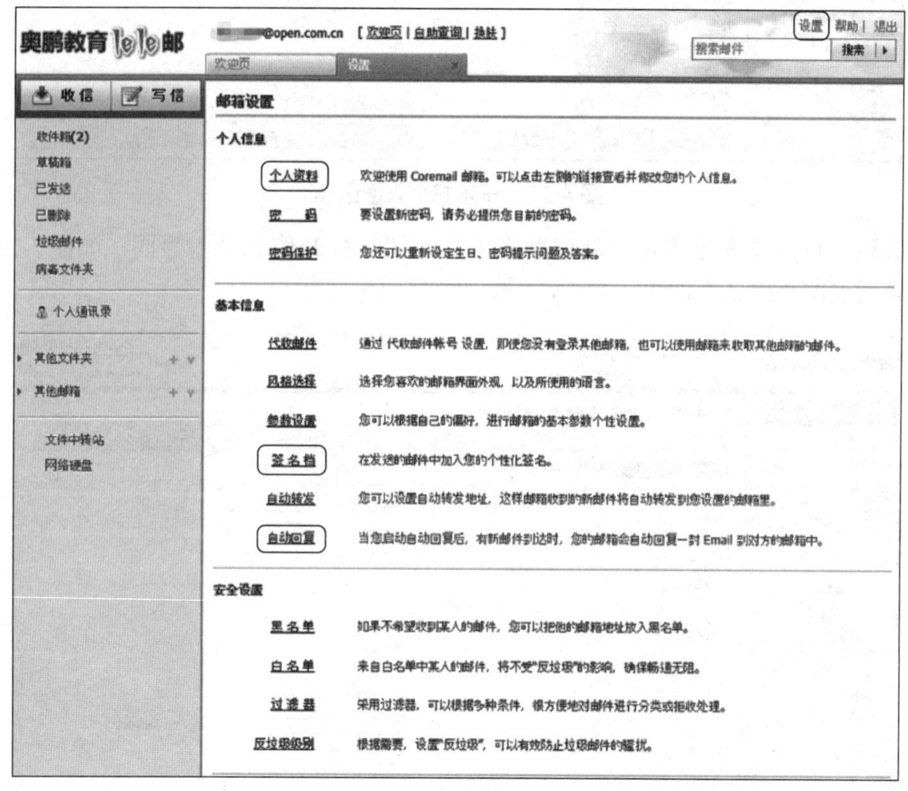

图7-10　邮箱设置

① **发件时显示您的姓名**：点选打开“个人资料”管理，在“姓名”栏填写的信息将成为您发送邮件时显示的发件人姓名。

② **添加自动签名**：在“签名档”功能中，点击“添加签名”，在编辑签名页面填写您个人设定的文字和内容，如您的署名、公司名称、联系地址、电话等，完成后点击“添加”即建立了签名档，这样当您写邮件时可以将设定好的签名作为邮件的落款，自动贴在信后一并发出。

③ **设置自动回复**：当您无法即时处理接收的电子邮件时，为方便发件人了解您是否已收到邮件，可以编辑并启动“自动回复”功能，完成设置后，当您收到新邮件时，乐乐邮会自动回复一封您预先设置好的文字内容发送到对方邮箱。

7.3.1.5 维护个人通讯录

为了方便与老师、同学的联系，您还可以通过“个人通讯录”功能维护您的邮件联系人信息。点击左侧功能列表中的“个人通讯录”，如图7-11所示，即可进入通讯录页面。

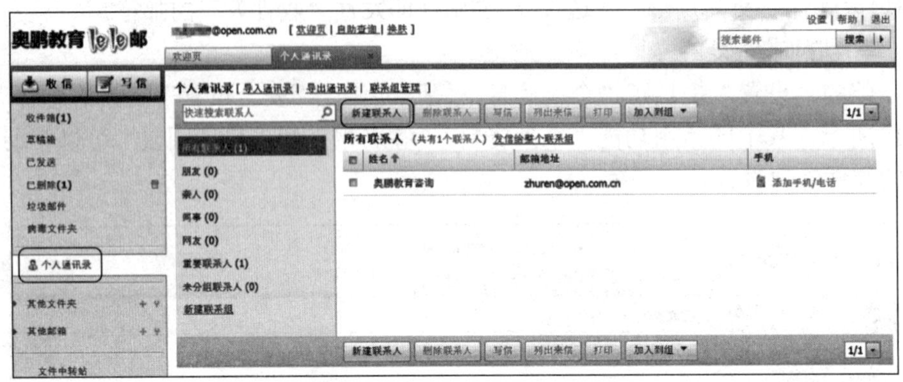

图7-11 乐乐邮个人通讯录

在通讯录页面左上方点击“新建联系人”按钮，打开信息录入界面，如图7-12所示，填写完成后点击“确认”即可。

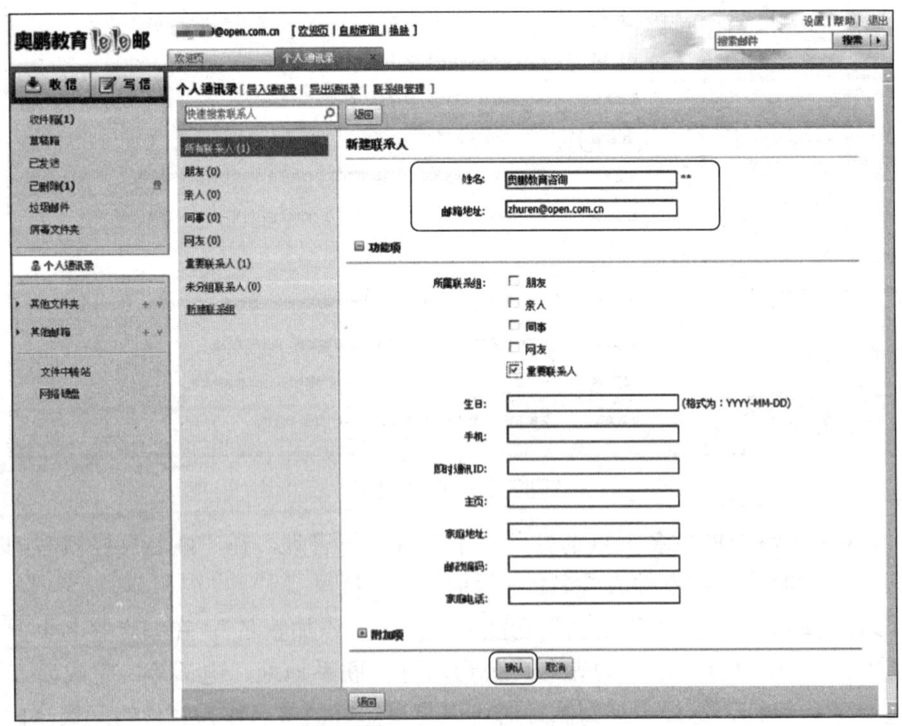

图7-12 新建乐乐邮联系人

在创建的通讯录列表中，点选打开一个联系人的信息，如图7-13所示，可以对联系人进行如下便捷的操作：

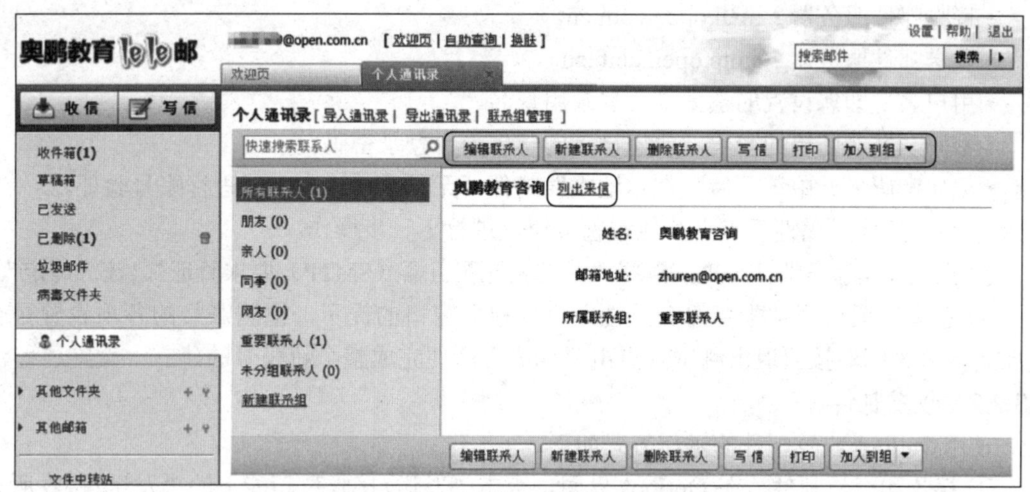

图7-13 个人通讯录联系人管理

- 点击“写信”，可新建写信页面，自动将该联系人的邮箱地址填入收件人信息中；
- 点击“列出来信”，可列出该联系人发给您的所有邮件；
- 点击“编辑联系人”，可修改该联系人的详细资料；
- 点击“加入到组”的下拉菜单，选择需要转入的分组，即可将联系人移动到指定联系组。

7.3.2 使用邮箱客户端管理乐乐邮

邮箱客户端通常指使用IMAP/APOP/POP3/SMTP/ESMTP协议收发电子邮件的软件。使用邮箱管理工具与使用网页邮箱收发的方式有一定的区别，相较而言，邮箱工具的专业性更强，访问速度和稳定性也更胜一筹。下面以Microsoft Office Outlook为例，为您简要介绍邮箱客户端的使用方法。

7.3.2.1 设置邮箱

Microsoft Office是微软公司开发的一套基于Windows操作系统的办公软件套装，其中Microsoft Office Outlook是个人信息管理程序和电子邮件通信软件。安装软件后，首先需要按如下步骤进行邮箱设置。

① 打开Outlook后，单击窗口中的“文件”菜单，选择“账户信息”中的“添加账户”按钮。

② 在对话框中选择“电子邮件账户”，点击下一步并选择“手动设置或其他服务器类型”，点击下一步。

③ 选择服务器类型为“POP或IMAP”，点击下一步。

④ 在账号设置对话框中进行如下设置。

- 您的姓名：账号标识，您可以在Office Outlook上设置多个账号，并以填写的姓名信

息来区分。

- 电子邮件地址：用户名@open.com.cn。
- 接收邮件服务器：mail.open.com.cn。
- 发送邮件服务器：smtp.open.com.cn。
- 用户名：即您设置的学生平台登录用户名。
- 密码：登录邮箱的密码，即您设置的学生平台登录密码。
- 记住密码：选中该项后，在本地收发邮件，无需手动输入密码进行账号验证。

⑤ 设置好账号属性后点击其他设置按钮，进行下一步操作。

⑥ 点选发送服务器活页夹，选择“我的发送服务器（SMTP）要求验证”，按“确定”。

⑦ 建议设置后测试账号的有效性，可以根据窗口的提示，检测账号的各项设置是否正常，点“关闭”按钮退出测试，点击“完成”后便完成整个新账号的建立、设置过程。

7.3.2.2 收发邮件

使用Outlook收发邮件的操作方式如下。

① **接收和查看邮件**。在Outlook界面，点击“发送/接收”功能下的“发送/接收所有文件夹”按钮，如图7-14所示，在弹出的发送接收提示窗口输入用户名和密码，输入确认后即可自动接收邮件。点击Outlook左侧菜单的“收件箱”，所有接收到的邮件即列示在右

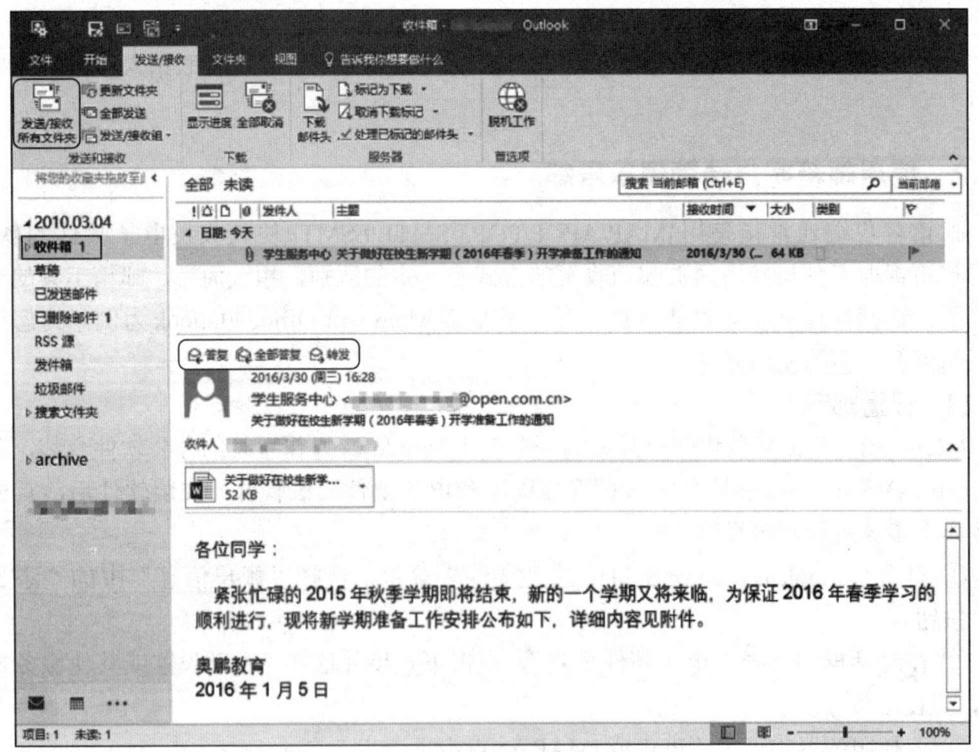

图7-14　Outlook查看接收邮件

侧窗口。点击要查看的某一个邮件，邮件内容自动显示在阅览窗口中，还可在阅览处进行下载附件、答复或转发邮件等操作。

② **新建和发送邮件**。在Outlook界面，在“开始”栏目中点击“新建电子邮件”，弹出新邮件编辑窗口，如图7-15所示，在“收件人”文本框里填写收件人的邮件地址，在“主题”中简要填写邮件标题，将邮件内容填写在下方的正文文本框内，如需要，还可“添加文件”作为附件。完成邮件编写后，点击“发送”按钮即发出邮件。

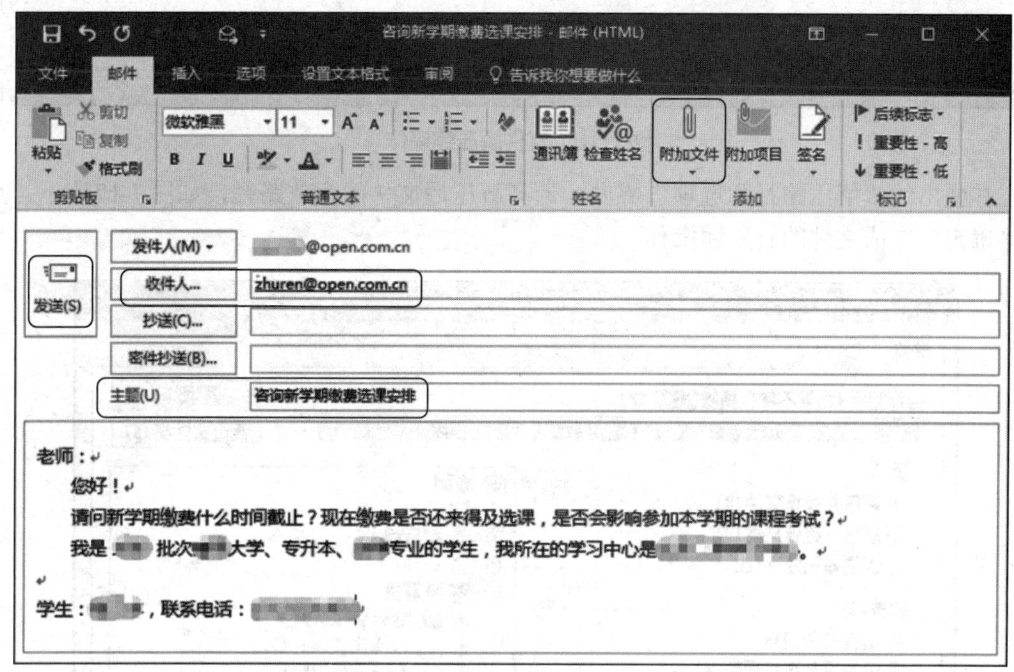

图7-15　Outlook撰写新邮件

7.4 如何使用压缩软件

下载的学习资源有相当一部分是压缩包格式的文件，需要解压操作才能打开使用。通常压缩文件的格式有rar和zip两种格式，相对应的是WinRAR软件和Winzip软件。这两款软件的使用方法大同小异，下面以WinRAR软件为例，简要介绍文件解压和压缩的操作步骤。

7.4.1　文件解压缩操作

启动WinRAR软件，在程序界面的地址栏中找到压缩文件所在的路径，如图7-16所示，点选压缩文件后点击菜单栏中的“解压到”按钮。

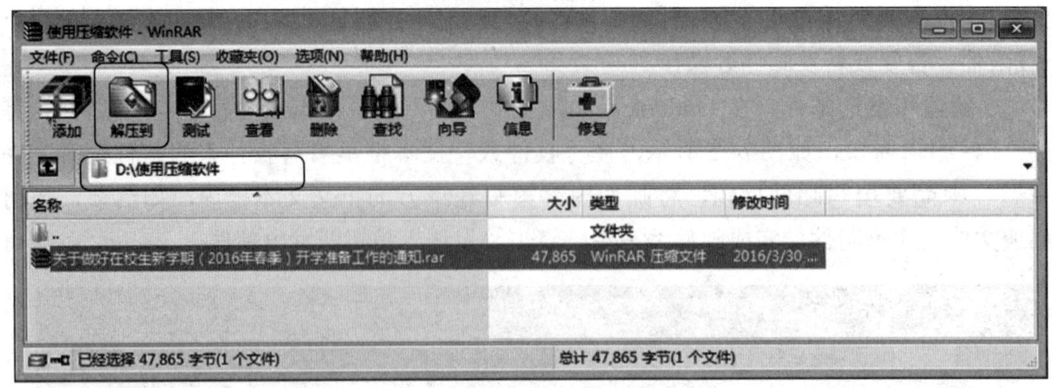

图7-16　文件解压缩操作

在弹出的“解压路径和选项”界面，选择解压后文件的存放路径，如图7-17所示，点击“确定”完成文件的解压缩操作。

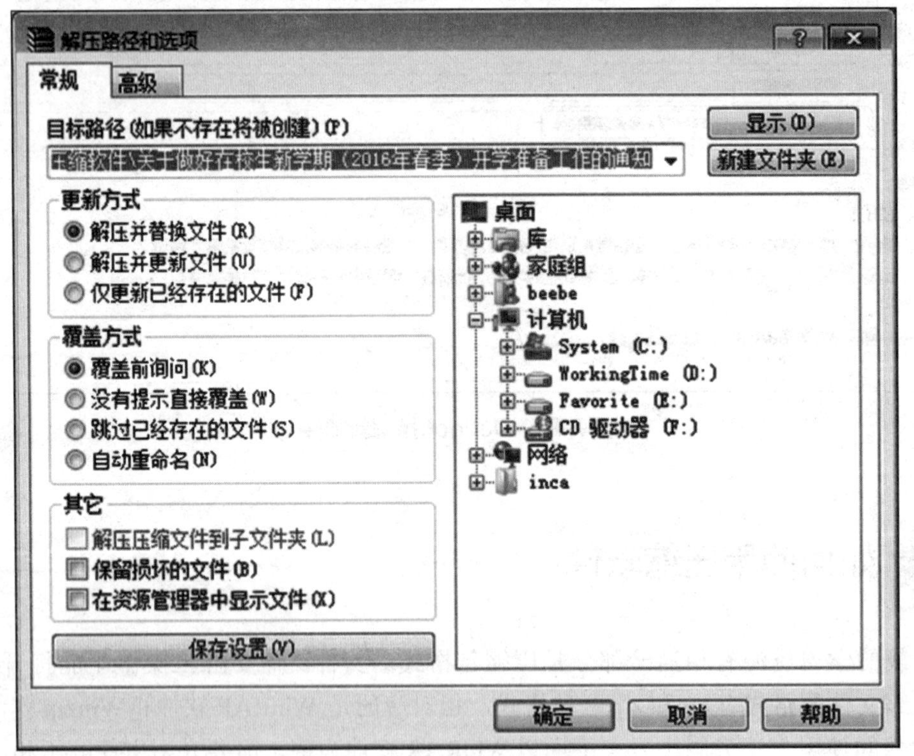

图7-17　文件解压路径和选项

7.4.2　文件压缩操作

在WinRAR程序界面的地址栏中找到文件所在的路径，如图7-18所示，点选文件后点击菜单栏中的“添加”按钮。

图7-18　文件压缩操作

在弹出的“压缩文件名和参数”对话框中，可进行文件名、文件格式和压缩密码等设置，如图7-19所示，点击“确定”后完成文件的压缩操作。

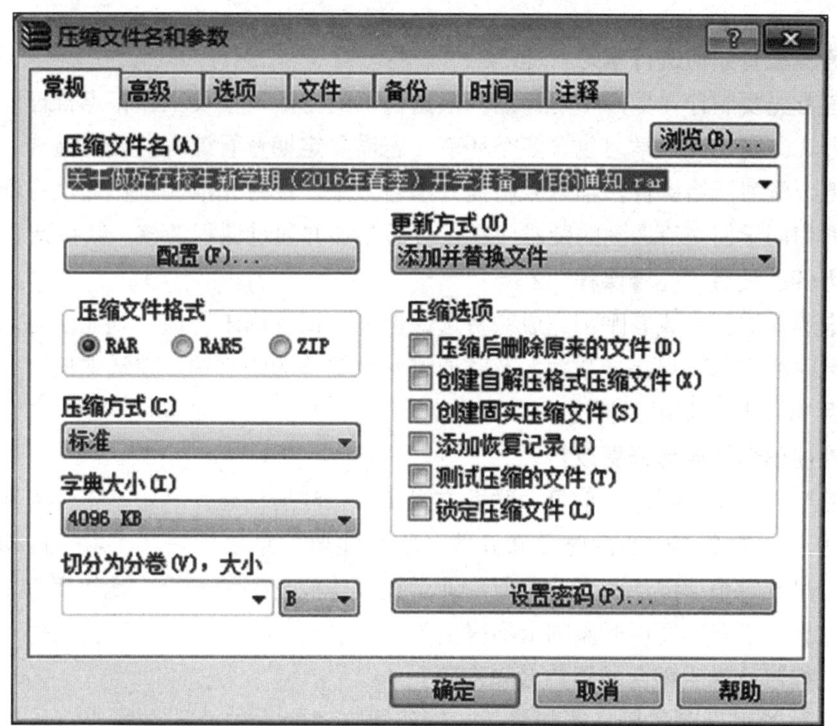

图7-19　设置压缩文件名和参数

第8章　常见问题

8.1 一般问题

（1）远程教育如何进行学习？

学习者首先要制订详尽的学习计划，根据自己的生活习惯及工作特点合理安排学习时间和学习方式。网上课程学习包含多个环节，您需要定期查看课程的公告通知，在导学资料的帮助下，学习网络课件，辅以教材提升学习效果，按时完成课程作业，在课程论坛中与辅导老师和同学们交流遇到的疑难问题，最后参加并通过课程考核，获得课程学分。

（2）为什么没有“在修课程”？

如还未选修课程，或者刚刚完成缴费选课但网络课程尚未开通，则无法进入课程。您可联系学习中心老师获得指导帮助，及时通过网上银行缴纳学费，在选课期内完成选课即可，选课后24小时内即可正常进行课程学习了。

（3）注册信息错误怎样更改？

学生的个人信息包括基本信息、联系方式和学籍注册信息，其中基本信息和联系方式可以在学生平台的个人中心随时更新修改。学籍注册信息包括姓名、出生日期、证件号码、性别、民族、报读层次和专业、原毕业学校及毕业证书编号等，是教育部新生学籍注册的关键信息，学籍一经注册原则上不得更改。

（4）怎样修改学生平台的用户名和密码？

学生平台的用户名注册后不能修改；密码可在“个人中心”中修改，具体操作详见4.2.2节相关内容。

8.2 教学类问题

（1）教学计划中的课程是否必须全学？

不一定。部分院校教学计划设置的选修课程累计学分大于毕业要求的最低学分，建议参照学习计划，完成规定的必修课学习以及最低学分的选修课学习。

（2）课程学分在哪里查看？

在学习平台“我的学习”栏目的“教学计划”中可查看课程的学分。

（3）在哪里查找课程作业？

课程作业包括在线作业和离线作业两种。您可在学生平台的课程列表中点击“做作业”查看，也可在学生平台首页查看“未完成作业提醒”，具体操作详见4.7.5.1节相关内容。

（4）在线作业有几次提交机会？

每套在线作业一般有1～5次提交机会（视具体院校的作业要求而定），每套作业标题后明确标注了作业可提交次数和您已提交的次数。

（5）作业提交时间有规定吗？

无论是在线作业还是离线作业都有提交截止时间规定，您可作业列表中查看“起止时间”要求，注意在截止时间前完成并提交作业，相关介绍详见4.7.5.2节和4.7.5.3节相关内容。

（6）是否所有课程都提供模拟题？

不一定。各院校根据教学要求与教学安排，提供不同的复习资源，例如复习大纲、辅导纲要、综合练习题、辅导课件等。请关注学生平台通知公告中各院校考前辅导安排，及时了解集中考试课程的复习资源形式及发布情况，及时下载并充分做好期末考前复习准备。

（7）考试结束后多长时间能够查询成绩？

课程考试成绩一般在考后的一个月左右发布，届时可在学生平台“我的成绩”中查询考试成绩，也可查看课程的平时成绩和总评成绩。

（8）课程总评成绩如何计算？

课程总评成绩一般包括平时成绩和考试成绩两部分，总评成绩及格（60分及以上）即表示获得该门课程的学分。各院校大部分课程总评成绩=（20%～40%）平时成绩+（80%～60%）考试成绩，特殊课程除外。平时成绩通常包括“作业成绩（在线作业或离线作业）”和“网上学习积分成绩”。网上学习积分成绩是学生网上学习过程的体现，是对学生所学课程的在线时长、课件点击、论坛发帖参与等情况的综合评定。

（9）如何参加论文答辩？

论文答辩一般分为三种情况：全员答辩、抽答辩、申请学位学生答辩。答辩一般采用远程视频形式，需要到学习中心参加学院组织的统一答辩。

建议关注学生平台的院校论文答辩通知，了解答辩申报、答辩方式、答辩时间和相关要求，按时通过学生平台提交答辩申请，做好答辩准备，在规定时间参加答辩。

8.3 考务类问题

（1）考试需要预约吗？怎样进行预约？

集中考试的课程采用预约制报考。考试预约期内，对于满足约考条件的课程由系统统一自动预约。

① 当次课程考试计划内所有课程；

② 已选修并达到规定的最短学习期限的课程；

③ 课程状态为“在修”；

④ 当次课程考试没有预约过（即系统显示预约次数为“0”）。

如特殊原因不能参加当次课程考试，或需要调整系统自动预约考试，应在考试预约截止前，及时联系学习中心老师取消考试预约。

如需对重修课程或往期遗留课程进行考试预约，需要学生联系所在学习中心进行手工预约。

（2）课程考试有哪些形式？

课程考试一般包括集中考试、作业考核、课程报告三种形式，其中集中考试分为闭卷考试、开卷考试和机考三种方式。在学生平台“我的考试”栏目的“考试安排”中可查看每门课程的具体考核形式。

8.4 教材类问题

（1）是否需要订购教材？

教材在现代远程教育中作为教学的辅助工具仍具有非常重要的作用，根据针对远程学习过程的调研显示，学生的学习方式无法保证总能使用计算机学习，与教学课程内容匹配的教材对于学生巩固网络课件学习效果，指导学生复习、练习都是非常重要和必要的补充。考虑到目前网络教育学生在线学习的整体情况，为保证教学质量、辅助学生高效优质学习，各网络学院在教学改革摸索和推进中也在逐步加强教材与网络课件的关联配合度，将教材作为网络课件的有效补充，为学生提供更为广泛适用的助学资源。此外，部分高等学校个别课程的考试为开卷形式，教材是学生参加考试的重要辅助资料。奥鹏教育每学期根据高等学校指定的教材使用计划，通过正规途径统一采购配发，确保学生领取的是符合教学计划要求的正版教材。综合以上各方面，建议学生订购教材提升学习效果。

（2）订购教材后多长时间能收到教材？

学生的教材征订单提交成功后，奥鹏教育即安排教材分拣和配发，一般情况下，直辖市和省会城市的学生10天内能够收到教材，地级城市的学生15天内能够收到教材，县级城市的学生20天内能够收到教材。

您可在学生平台“我的教材”栏目的“我的征订单”功能中查看教材物流配送信息，如有异常问题，可及时拨打奥鹏教育服务热线反馈。

（3）如果物流送教材时收取送货费怎么办？

一般情况下，奥鹏教育为学生提供教材免费配送服务，不收取任何物流费用。如您遇到快递人员额外收取送货费的问题，请第一时间拨打奥鹏教育服务热线反馈，我们会及时解决处理。

（4）怎样核对收到的教材是否正确齐全？

您收到教材后，请及时对照学生平台“我的教材”栏目中的“我的征订单”进行清点确认，如收到的教材与征订单信息不一致，请及时拨打奥鹏教育热线或向学习中心老师反馈，我们会尽快核实解决。

（5）电子辅导资料有什么特点？

电子辅导资料主要包含网上课件的课堂笔记、章节关键词汇、重点例题及案例解析等，其内容更有针对性，紧扣考核要求，对学生考前复习有一定帮助，支持移动设备阅览。

8.5 毕业学位类问题

（1）什么时候办理毕业？毕业证书什么时候发放？

各院校一年组织两次毕业审核办理和毕业证书发放，您可登录学生平台“我的毕业”栏目查看相关信息，一般来说：

- 春季毕业生在上一年9～11月开始组织毕业审核，次年1～3月发放毕业证书；
- 秋季毕业生在当年3～5月开始组织毕业审核，当年7～9月发放毕业证书。

（2）毕业证书上有哪些内容？

网络高等学历教育毕（结）业证书会注明以下内容：

- 姓名、性别、出生日期、学习起止年月；
- 专业、层次（本科、专科）、毕（结）业；
- 学习形式（网络）；
- 本人近期免冠正面二寸彩色照片并骑缝加盖学校钢印；
- 学校或培养机构名称及印章，校（院）长签名；
- 发证日期及证书编号。

（3）毕业生档案都包含哪些？

毕业生档案一般包含毕业生登记表、毕业生成绩单等重要资料，您收到毕业生档案后应尽快移交本人存档部门存档，不允许擅自拆封。

（4）网络教育能拿学位吗？申请学位需要什么条件？

凡符合高校学位授予条件的网络教育本科学生均可申请获得学士学位。各院校对学位授予均有明确的规定，申请学位条件一般包括课程平均分、毕业论文答辩成绩、学位外语三方面的要求，具体内容可在学生手册中查看。

（5）学位申请需要多长时间，毕业之后多长时间能拿到学位？

各院校对于学位申请的有效期规定各不相同，具体要求可查看学生手册。部分院校规定必须在学习期间申请，办理毕业后不允许再申请，此类院校领取学位证书的时间与领取毕业证书时间基本相同。部分院校规定可在毕业后1～2年内申请学位，此类院校从学位申请到领取学位证书大约需要半年或半年以上的时间。

8.6 统考类问题

（1）什么是统考？

“统考”是指教育部对现代远程教育高校网络教育部分公共基础课实施的全国统一考试，即对我国网络高等学历教育部分公共基础课的全国统一测试（简称“统考”）。

（2）为什么要进行统考？

自1999年在高校开展现代远程教育试点工作以来，我国网络教育呈蓬勃发展的趋势，学生规模不断扩大，在快速发展过程中也存在着一些问题，为进一步加强网络教育的规范管理，提高网络教育的社会声誉，确保网络教育人才培养的质量，促进网络教育健康、有序地发展，教育部研究决定对网络教育学生实行统考。

（3）没有参加统考或统考未通过会有什么影响？

凡本科层次网络学历教育的学生，所有统考科目成绩合格将作为教育部高等教育学历证书电子注册资格的条件之一。如没有参加统考或考核未通过则无法办理毕业。

（4）怎么报名参加统考？统考要交费吗？

统考考试报名采用网上报名，考生通过全国高校现代远程教育协作组、全国高校网络教育考试委员会主办的“中国现代远程与继续教育网”进行报名（网址：http://www.cdce.cn）。

目前，统考按考试科目收取考试费，收费标准为35元/（人·科）。

（5）统考是笔试还是机考？

统考课程全部采用网上闭卷机考的方式。

（6）统考包括哪些课程？

统考课程包括《大学英语》《计算机应用基础》《大学语文》和《高等数学》四门。

统考科目按不同学历起点和专业类别确定，各院校各专业对应报考科目详见：奥鹏教育官网—全局导航—考试毕业—统考科目。

（7）统考成绩由谁发布？什么时候发布？

统考考试成绩由网考办发布。一般在考试结束40天后，考生可在规定的时间内通过中国远程教育网查询统考成绩。

（8）统考不通过，下次还能考吗？

学生在修业年限内可以多次参加统考，每次参考门次由学生自己选定。学生在修业年限内将应考课程全部考试合格，毕业时方可取得教育部高等教育学历证书电子注册资格。

第9章　网络资源

为了便于学习和查询资料，下面提供了有关远程学习的网址。

中国高等教育学生信息网（学信网）

http://www.chsi.com.cn/

教育部指定的学历查询唯一网站、教育部高校招生阳光工程指定网站。

全国网络教育阳光招生服务平台

http://zhaosheng.cdce.cn/

网络教育试点高校招生宣传与信息咨询服务平台。

中国现代远程与继续教育网

http://www.cdce.cn/

统考政策、通知，统考报名与成绩查询。

高校网络教育学院

http://www.pkudl.cn	• 北京大学继续教育学院
http://www.bytime.com.cn	• 北京大学医学网络教育学院
http://www.beihangonline.com	• 北京航空航天大学现代远程教育学院
http://dis.njtu.edu.cn	• 北京交通大学远程与继续教育学院
http://learn.bit.edu.cn	• 北京理工大学现代远程教育学院
http://www.sne.bnu.edu.cn	• 北京师范大学继续教育与教师培训学院
http://www.beiwaionline.com	• 北京外国语大学网络教育学院
http://www.buptnu.com.cn	• 北京邮电大学网络教育学院
http://www.eblcu.cn	• 北京语言大学网络教育学院
http://www.ibucm.com	• 北京中医药大学远程教育学院
http://www.edlut.com	• 大连理工大学远程与继续教育学院
http://www.remotedu.com	• 电子科技大学网络教育学院
http://www.edufe.com.cn	• 东北财经大学网络教育学院
http://cec.neu.edu.cn	• 东北大学继续教育学院

http://www.neauce.com	• 东北农业大学网络教育学院
http://ycjx.nenu.edu.cn	• 东北师范大学远程与继续教育学院
http://cj.dhu.edu.cn	• 东华大学网络教育学院
http://netu.js.edu.cn	• 东南大学继续教育学院
http://www.fjtu.com.cn	• 福建师范大学网络与继续教育学院
http://dec.fudan.edu.cn	• 复旦大学网络教育学院
http://www.hagongda.net	• 哈尔滨工业大学继续教育学院
http://miea.hnu.cn	• 湖南大学远程与继续教育学院
http://www.ecustmde.com	• 华东理工大学网络教育学院
http://www.dec.ecnu.edu.cn	• 华东师范大学网络教育学院
http://www.scutde.ne	• 华南理工大学继续教育学院
http://www.gdou.com	• 华南师范大学网络教育学院
http://www.hust-snde.com	• 华中科技大学远程与继续教育学院
http://www.hznu.cn	• 华中师范大学职业与继续教育学院
http://dec.jlu.edu.cn	• 吉林大学网络教育学院
http://wj.jiangnan.edu.cn	• 江南大学继续教育与网络教育学院
http://www.dec.lzu.cn	• 兰州大学网络与继续教育学院
http://istudy.nankai.edu.cn	• 南开大学现代远程教育学院
http://nec.xmu.edu.cn	• 厦门大学继续教育学院
http://www.wljy.sdu.edu.cn	• 山东大学继续（网络）教育学院
http://www.snnu.net	• 陕西师范大学远程教育学院
http://www.onlinesjtu.com	• 上海交通大学继续教育学院
http://www.scude.cc	• 四川大学网络教育学院
http://www.cnzx.info	• 四川农业大学远程与继续教育学院
http://www.etju.com	• 天津大学网络教育学院
http://www.tjae.cn	• 同济大学网络教育学院
http://www.einfo.net.cn	• 武汉理工大学网络教育学院
http://www.xdwy.com.cn	• 西安电子科技大学网络与继续教育学院
http://www.dlc.xjtu.edu.cn	• 西安交通大学网络教育学院
http://www.eduwest.com	• 西南大学网络与继续教育学院
http://www.xnjd.cn	• 西南交通大学远程与继续教育学院
http://www.scezju.com	• 浙江大学继续教育学院
http://dls.zzu.edu.cn	• 郑州大学远程教育学院
http://www.cuconline.cn	• 中国传媒大学远程与继续教育学院
http://www.cugbonline.cn	• 中国地质大学（北京）继续教育学院
http://ces.ustc.edu.cn	• 中国科学技术大学继续教育学院
http://www.cau-edu.net.cn	• 中国农业大学网络教育学院

http://www.cmr.com.cn	• 中国人民大学继续教育学院
http://www.cupde.cn	• 中国石油大学（北京）远程教育学院
http://xueli.upol.cn	• 中国石油大学（华东）远程与继续教育学院
http://des.cmu.edu.cn	• 中国医科大学网络教育学院
http://cne.csu.edu.cn	• 中南大学网络教育学院
http://cems.sysu.org.cn	• 中山大学网络教育学院
http://mdmec.ccom.edu.cn	• 中央音乐学院现代远程音乐教育学院
http://www.5any.com	• 重庆大学网络教育学院

第10章　习题

一、单选题（共15题，每题2分，共30分）

1. 奥鹏教育是英文（　　）的译音，含义是（　　）。

   A. open，远程教育　　B. aopeng，远程教育

   C. open，开放教育　　D. aopeng，远程教育

2. 下列哪些方法可以相对有效地训练我们的注意力（　　）。

   A. 制定明确的目标　　B. 排除外界的干扰

   C. 排除内心的干扰　　D. 以上都是

3. 远程学习过程中的作业分为在线作业和（　　）两种类型。

   A. 离线作业　　B. 课件作业　　C. 教材作业　　D. 拓展作业

4. 奥鹏教育的理念是（　　）。

   A. 心系天下求学人　　B. 让大家得到更好的教育

   C. 共同进步　　D. 让我帮助你成才

5. 奥鹏教育的主页网址是（　　）。

   A. www.aopeng.com　　B. www.open.edu.cn

   C. www.open.com.cn　　D. www.open.net

6. 现代远程教育起源于（　　）年代。

   A. 20世纪80年代中期　　B. 20世纪90年代

   C. 20世纪80年代后期　　D. 21世纪早期

7. 通过两个或两个以上的个体在一起从事学习活动，相互交流、相互促进，从而提高学习效果的一种学习形式，我们称之为（　　）。

   A. 远程学习　　B. 网络学习　　C. 协作学习　　D. 共同学习

8. 狭义的信息技术指（　　）。

A. 20 世纪中叶以来得到广泛使用的电子信息通信技术

B. 早期视听技术中的幻灯和投影等

C. 可以用来存储、处理、传播、接收和呈现各类信息的技术

D. 造纸技术和印刷技术

9. 对于协作学习，下列说法正确的是（　　）。

A. 协作学习有助于激发学生的学习动机，减轻学习压力

B. 协作学习只能用到传统的教育形式中

C. 协作学习只是对人际交往能力比较强的学生有帮助

D. 和学习差的同学组成小组会浪费很多时间，得不偿失

10.（　　）是检验学生在奥鹏学习效果的重要环节。

A. 课程作业　　B. 课程论坛　　C. 学习课件　　D. 导学资料

11. 第一代远程教育以什么技术为主（　　）。

A. 邮寄　　B. 光盘　　C. 电视　　D. 接收机

12.（　　）是指教师与学生在指定的时间内同时上网进行交流。

A. 非实时网上交流答疑　　B. 实时网上交流答疑

C. 线下交流　　D. 线上交流

13. HTML 的中文名称是（　　）。

A. 虚拟现实语言　B. 超文本编辑语言　C. 数据操作语言　D. 超文本标记语言

14. 对远程学生来说，非学习性上网不包括（　　）。

A. 阅读新闻　　B. 玩游戏　　C. 浏览课程论坛　　D. 和陌生人聊天

15. 远程教育的基本特征是（　　）。

A. 时空分离　　B. 教学分离　　C. 空间分离　　D. 时间分离

二、多选题（共8题，每题3分，共24分）

1. 相对于传统的课堂教育，远程教育的特征是（　　）。

A. 以培养技能为主　　B. 教与学分离

C. 运用媒体联系教与学　　D. 学习周期短

2. 下列关于动机的说法正确的是（　　）。

A. 动机是激励或推动人们去行动以达到一定目的的内在动因

B. 学习动机是对学生的学习起推动作用的心理因素，是引起和维持学习活动的动力机制

C. 根据动机的动力来源，动机可以划分为内部动机和外部动机

D. 强烈的学习动机可以使学习行动具有稳定性和持久性

3. 根据感知觉通道的类型，学习风格可以划分为（　　）。

A. 思考型　　B. 听觉型　　C. 动觉型　　D. 视觉型

4. 网络课程学习的模式包括以下环节（　　）。

A. 教材自学　B. 网上导学　C. 课程作业　D. 毕业论文

5. 在自学环节中，为同学们提供了（　　）几种学习方式。

A. 纸介质教材　B. 奥鹏教育官微　C. 网上点播课件　D. 课程论坛

6. 导学资料一般分为（　　）。

A. 开篇导学　B. 阶段导学　C. 课程导学　D. 期末导学

7. 现代远程学习的特点主要表现在（　　）。

A. 开放性　B. 自主性　C. 交互性　D. 灵活性

8. 学习者利用学习平台可以完成下列哪些操作？（　　）

A. 浏览课件　B. 完成课程作业　C. 进行教学交互　D. 查看学籍信息

三、判断题（共15题，每题2分，共30分）

1. 每个人的学习风格是大同小异的，所以区分不同的学习风格意义不大。（　　）
2. 所有的网络课件都可以下载到本地查看。（　　）
3. 网络带宽就是单位时间内所能传送的网络信号总量。在计算机网络中，带宽越大，数据传送得越快。（　　）
4. 网上答疑不属于网络课程学习模式中的环节。（　　）
5. 制订时间计划，评估计划的执行情况，并根据需要适时地调整计划，是管理时间的有效策略。（　　）
6. 网页的分析索引工作是由搜索引擎的索引系统程序完成的。（　　）
7. 登录“学生平台”，学生可以了解关于课程的最新信息。（　　）
8. 无论是传统教学过程还是远程教学过程，都包括教师、学生、教学手段和学习资源等要素。（　　）
9. 学生平台的用户登录密码，设置得越简单越好。（　　）
10. 学生通过与资源的相互作用构建自己的知识体系，从而实现他们自身认知结构的改变。（　　）
11. 在远程学习中，学习方法并不重要。（　　）
12. 在协作学习中，小组中的组长地位非常重要，但是应该避免组长大包大揽、其他组员一身清闲的情况发生。（　　）
13. 远程教育排斥面对面的交流。（　　）
14. 撰写文献综述时，不仅要综合前人的观点，还需要比较、分析和评判前人的观点。（　　）
15. 媒体与技术是远程教育中的关键因素，是远程教育赖以生存的基础。（　　）

四、简答题（共1题，16分）

远程学习与传统课堂学习具有很大的区别，试结合自己的体验谈一下您的感受。

一、单选题（共15题，每题2分，共30分）

1. 决定论文质量的主要因素一般不包括（　　）。
   A. 字数多少　　B. 逻辑性　　C. 表现力　　D. 条理性
2. （　　）是一种建立在上网这一行为基础上的精神与人格障碍，它的直接表现是过量地使用互联网。
   A. 网络幻想　　B. 网瘾　　C. 浏览课程论坛　　D. 和同学在线交流
3. （　　）就是逐字逐句、仔仔细细、反反复复地阅读，以深刻理解和掌握阅读材料的内容。
   A. 阅读　　B. 略读　　C. 精读　　D. 扫读
4. （　　）就是在联机的状态下直接使用远程学习平台上提供的网络资源进行学习。
   A. 离线学习　　B. 集中学习　　C. 在线学习　　D. 脱机学习
5. 学生在阅读印刷材料时记下的笔记称为（　　）。
   A. 阅读笔记　　B. 听课笔记　　C. 小组讨论笔记　　D. 复习笔记
6. 奥鹏教育服务热线400-810-6736的工作时间是（　　）。
   A. 朝九晚五　　B. 周一到周五24小时热线
   C. 7×24小时　　D. 早8点到晚8点
7. 远程教育的发展划分为三代，以下正确的是（　　）。
   A. 函授教育、多种媒体教学的远程教育、开放灵活的远程学习
   B. 卫星教育、多媒体远程教育、函授教育
   C. 函授教育、卫星教育、开放灵活的远程学习
   D. 卫星教育、多种媒体教学的远程教育、开放灵活的远程学习
8. 下列方式中，不属于学习者参与远程教学交互的是（　　）。
   A. 向辅导老师请教问题　　B. 和学习伙伴交流学习心得
   C. 在网上搜索相关资料　　D. 阅读导学资料
9. 学生个人学习计划由（　　）制订。
   A. 学院　　B. 学习中心　　C. 专业委员会　　D. 学生个人
10. （　　）指的是在世界范围内由许多计算机网络相互连接而形成的网络。
   A. 万维网　　B. 互联网　　C. 局域网　　D. 广域网
11. 在远程教育中，学生的主要学习方式是（　　）。
   A. 课堂学习　　B. 集中面授
   C. 基于资源的自主学习　　D. 协作学习

12. 在远程学习中，对学习反省的认识不正确的是（　　）。

A. 学习反省是在学习评价基础上的自我检查和自我调整，它是一种元认知的行为

B. 是一种基于学习目的、学习态度、未来的发展的反省

C. 可以培养自律的态度与能力、自我教育的能力、自我控制的能力

D. 学习反省在远程学习中的地位不如在传统的教学中重要

13. 在众多的网络学习资源中，能够提供在线检索、阅读、下载图书或期刊的是（　　）。

A. CNKI 中国知网　　B. 数字图书馆

C. 维基百科　　D. 知识网络服务平台

14.（　　）指的是如何把收集到的信息以某种方式组织起来，使之实现一定的目的。

A. 信息的处理　　B. 信息的组织

C. 信息的加工　　D. 信息的分类

15. 与同学进行沟通时，下列哪种方式是即时在线沟通？（　　）

A. 课程论坛　　B. 电子邮件　　C. 课程邮箱　　D. QQ

二、多选题（共8题，每题3分，共24分）

1. 积极的自我谈话的建议包括（　　）。

A. 列出自己的特长或成功事例

B. 定期回顾自己的特长或成功事例

C. 情绪低落时回顾自己的特长或成功事例

D. 更新自己的特长或成功事例列表

2. 目前，网络学习资源包括（　　）等主要媒体形式。

A. 文本　　B. 音、视频　　C. 网络CAI 课件　　D. 网上答疑讨论

3. 高质量的多媒体网络课件，一般具有（　　）等特点。

A. 整合性　　B. 交互性　　C. 多变性　　D. 结构灵活性

4. 利用多媒体网络课件进行学习时，可以采取以下基本策略（　　）。

A. 了解课件概貌　　B. 明确学习任务

C. 掌握操作技巧　　D. 总结学习经验

5. 网上交流答疑活动表现形式有（　　）等几种形式。

A. 文本答疑　　B. 网上讨论　　C. 视频直播答疑　　D. 双向视频答疑

6. 关于奥鹏教育学生平台上提供的每门课程的学习论坛，下列说法正确的是（　　）。

A. 学生可以利用它实现与教师的交流

B. 学生可以利用它实现与其他学员的交流

C. 学生可以利用它提问

D. 学生可以利用它组织或参与讨论

7. 下列关于语言智力的说法正确的是（　　）。

A. 语言智力指的是与语言运用有关的听、说、读、写能力

B. 语言智力高的人通常都比较擅长演说、雄辩
C. 语言智力高的人善于模仿他人的口音，喜欢与数字打交道
D. 语言智力高的人，其逻辑-数学智力也必然很高

8. 自我激发学习动机的主要策略有（　　）。
A. 激发学习兴趣　　B. 制定学习目标
C. 进行自我谈话　　D. 寻求外部支持

三、判断题（共15题，每题2分，共30分）

1. 为了帮助本科层次的同学认真备战每年的统考考试，学生中心首页特设了"我的统考"专栏。（　　）
2. 在网络环境中，学生之间无法协作完成某项学习任务。（　　）
3. 分解学习目标的方法有剥洋葱法和分叉树法。（　　）
4. "乐乐邮"是为奥鹏教育的教师和学生提供的网络电子信箱，支持个人邮件、通知邮件、课程作业邮件的发送和接收。（　　）
5. 在线作业和离线作业的提交方式相同。（　　）
6. 登录奥鹏教育学生平台，在首页左侧学习环节功能区点击"我的考试"栏目的"考试安排"，可以查询考试安排。（　　）
7. 考试时焦虑水平越高，越有利于考试的发挥。（　　）
8. 课前准备包括物质准备、精神准备和学习准备。（　　）
9. 在因特网上，每一个网站都有自己特定的地址。只有把网站的地址输入正确，才能打开相应的网页，浏览网页中的信息。（　　）
10. 每一个人都以自己独特的方式学习，具有较高内省智力的人比较容易适应远程学习。（　　）
11. 文氏图由两个部分重叠的圆构成，它们对应于两个主题。（　　）
12. 充分利用课程导学资源，能够让学习者的课程学习有的放矢，找到最合适自己的学习方法，获得最好的学习效果。（　　）
13. 执行计划时要善于利用工作和生活中的零碎时间。（　　）
14. 学习者在提问前需要对问题进行分类，需要在对应的交流区提出问题，否则，很有可能得不到回复。（　　）
15. 如果考生想在异地奥鹏教育远程学习中心参加课程考试，需要提前办理借考手续。（　　）

四、简答题（共1题，16分）

试述远程学习中激发学习动机的策略，并结合您自己的情况进行一下阐述。

参 考 文 献

[1] 丁兴富．远程教育学基本概念与研究对象之我见［J］．开放教育研究，2005，(1)．

[2] 丁新． 国际远程教育研究［M］．北京：高等教育出版社，2008.

[3] 陈丽．远程教育［M］．北京：高等教育出版社，2011.

[4] 严冰．现代远程教育公共支持服务研究．北京：高等教育出版社，2012.

[5] 袁松鹤，王海荣等．四个MOOCs平台10门课程的比较研究——MOOCs教学的创新方向与启示［J］．中国电化教育，2014，(10)．

[6] 教育部关于加强高等学校在线开放课程建设应用与管理的意见．2015-4-16. http://www.moe.gov.cn/srcsite/A08/s7056/201504/t20150416_189454.html

[7] 陈晓菲．翻转课堂教学模式的研究［D］．华中师范大学硕士论文，2014.

[8] 奥鹏教育研究院．开放与远程教育环境的分析与发展研究［R］．“新时期奥鹏公共服务体系创新发展研究”项目系列研究成果．

[9] 奥鹏教育研究院．大规模开放在线课程与泛在学习——发展、挑战与对策．2014年第6期研究资讯．

[10] 奥鹏教育研究院．移动学习的现状及发展研究报告［R］．2014年专项研究报告．

《奥鹏学习手册》习题答题纸

姓名：________　　学号：________　　学习中心：________

习题一

一、单选题（共15题，每题2分，共30分）

1	2	3	4	5	6	7	8
9	10	11	12	13	14	15	

二、多选题（共8题，每题3分，共24分）

1	2	3	4	5	6	7	8

三、判断题（共15题，每题2分，共30分）

1	2	3	4	5	6	7	8
9	10	11	12	13	14	15	

四、简答题（共1题，16分）

远程学习与传统课堂学习具有很大的区别，试结合自己的体验谈一下您的感受。

习题二

一、单选题（共15题，每题2分，共30分）

1	2	3	4	5	6	7	8
9	10	11	12	13	14	15	

二、多选题（共8题，每题3分，共24分）

1	2	3	4	5	6	7	8

三、判断题（共15题，每题2分，共30分）

1	2	3	4	5	6	7	8
9	10	11	12	13	14	15	

四、简答题（共1题，16分）

试述远程学习中激发学习动机的策略，并结合您自己的情况进行一下阐述。